REIN ZEICHNUNG

und Druckvorstufe
mit InDesign

V 1.0

MICHAEL NEUHAUSER

Version 1.0 | Juni 2015

Dieses Buch wird in regelmäßigen Abständen an den aktuellen Branchenstandard angepasst. Vergewissern Sie sich deshalb gelegentlich, ob Ihr Buch noch auf dem neuesten Stand ist. Auf der Seite **www.michael-neuhauser.de/buchversionen** sehen Sie Änderungen und neue Buchversionen.

Bibliografische Information der Deutschen Nationalbibliothek:
Die Deutsche Nationalbibliothek verzeichnet diese Publikation in der Deutschen Nationalbibliografie. Detaillierte bibliografische Daten sind im Internet über www.dnb.de abrufbar.

Die Ratschläge und Empfehlungen dieses Buches wurden vom Autor nach bestem Wissen und Gewissen erarbeitet. Trotzdem können Fehler nicht vollständig ausgeschlossen werden. Der Autor kann für fehlerhafte Angaben und deren Folgen weder eine juristische Verantwortung noch irgendeine Haftung übernehmen.

Ist Ihnen ein Fehler aufgefallen? Dann senden Sie bitte eine Mail an:
feedback@michael-neuhauser.de

Alle Rechte vorbehalten. Nachdruck, auch auszugsweise, sowie Verbreitung durch Film, Funk, Fernsehen und Internet, durch fotomechanische Wiedergabe, Tonträger und Datenverarbeitungssysteme jeder Art nur mit schriftlicher Genehmigung des Autors.

© 2015 Michael Neuhauser
Adobe product screen shot(s) reprinted with permission from Adobe Systems Incorporated.

Gestaltung Umschlag
Barbara Eppler
www.eppler-grafikdesign.de

Gestaltung Innenteil und Satz
Michael Neuhauser

Fachlektorat
Gesamtes Buch:
Katarina Landenberger
www.frogati.de

Auszüge:
Thomas Richard
www.richard-ebv.de

Druck
SDV Direct
World GmbH,
Dresden

ISBN 978-3-00-049757-5

Wie Sie das Buch anwenden

Dieses Buch wurde als praktischer Leitfaden konzipiert. Nachdem Sie InDesign, Photoshop und Acrobat konfiguriert und die Checklisten heruntergeladen/kopiert haben, können Sie direkt mit der Reinzeichnung beginnen.

1 Konfigurieren Sie InDesign, Photoshop und Acrobat wie ab *Seite 9*.
2 Laden Sie die Checklisten (ab *Seite 185*) von meiner Webseite herunter und drucken Sie diese aus:
www.michael-neuhauser.de/downloads | Passwort: re87ze
3 Öffnen Sie Ihr InDesign-Dokument und gehen Sie die ausgedruckten Checklisten Step by Step durch. Zu jedem Punkt der Checkliste finden Sie im Buch eine Erklärung.

Anmerkungen zur InDesign Version

Die Anleitungen und Screenshots in diesem Buch wurden mit der InDesign-Version CS5.5 erstellt und treffen auf die Versionen CS4, CS5, CS6 sowie CC in sehr ähnlicher Weise zu.

Unterschiede bestehen – je nach Version – in geringfügig veränderten Positionen der Menüpunkte. Zudem ist die Benutzeroberfläche in InDesign CC dunkelgrau.

Abgesehen von diesen marginalen Unterschieden, können Sie das Buch problemlos für die Versionen CS4–CC verwenden.

Mit ein paar Einschränkungen können Sie das Buch auch für die Versionen CS1–CS3 einsetzen:

- Der InDesign Live-Preflight funktioniert erst ab Version CS4
- Die erweiterten Informationen im Verknüpfungsfenster sehen Sie erst ab Version CS4
- Die Funktion »Suchen-Ersetzen mit GREP« gibt es erst seit der Version CS3

1 Grundeinstellungen — 7

1.1 Downloads — 8
1.2 InDesign — 9
1.3 Photoshop — 22
1.4 Acrobat — 23

2 Projektvorbereitung — 27

2.1 Informationen einholen — 28
2.2 Vergleichs-PDF und Sicherungskopie — 31

3 Technische Grundlagen — 33

3.1 Dokument — 34
3.2 Schriften — 37
3.3 Verknüpfungen — 40
3.4 Farbprofile — 46
3.5 RGB-Bilder — 48
3.6 CMYK-Bilder — 52
3.7 Graustufen-Bilder — 57
3.8 Vektorgrafiken — 60
3.9 Farbfelder — 62
3.10 Linien — 67
3.11 Überdrucken und Aussparen — 69
3.12 Separationsvorschau — 71
3.13 Reduzierungsvorschau für Transparenzen — 76
3.14 Rand und Beschnitt — 78
3.15 Verborgene Elemente — 79
3.16 Überfüllung und Unterfüllung (Trapping) — 80
3.17 Nur im Notfall: Schriften in Pfade umwandeln — 81
3.18 Kontrolle mit Preflight — 85

4 Technische Spezialfälle — 87

4.1 Veredelungen — 88
4.2 Stanzformen — 91
4.3 Falzflyer — 95
4.4 Bücher — 98
4.5 Ringbücher — 102
4.6 Klammerheftungen mit hohem Umfang — 104
4.7 Fahrzeugbeklebungen — 110

5 Ordnung — 113

5.1 Satzspiegel und Raster — 114
5.2 Dokument säubern — 116

6 Typografie — 121

6.1 Formatierung — 122
6.2 Satzbild — 124
6.3 Suchen/Ersetzen (GREP) — 132
6.4 Zwischenräume — 136
6.5 Satzzeichen — 138
6.6 Mathematische Sonderzeichen — 145
6.7 Zahlen — 150
6.8 Kapitälchen — 158
6.9 Einheitlichkeit — 159
6.10 Feintuning — 160

7 Druck-PDF — 163

7.1 Export als PDF/X — 164
7.2 PDF mit Acrobat kontrollieren — 174

8 Checklisten — 185

8.1 Projektvorbereitung — 186
8.2 Technische Grundlagen — 186
8.3 Druck-PDF — 189
8.4 Technische Spezialfälle — 190
8.5 Ordnung — 191
8.6 Typografie — 192

Index — **195**

Grundeinstellungen

für InDesign, Photoshop und Acrobat

1.1 Downloads

Als zusätzlichen Service stelle ich Ihnen auf meiner Webseite hilfreiche Dokumente und Voreinstellungen für die Reinzeichnung zur Verfügung.

Unter anderem finden Sie im geschützten Download-Bereich:

- Checklisten für die Reinzeichnung im PDF-Format zum Ausdrucken
- Suchen- und Ersetzen-Funktionen (GREP) für InDesign
- Die wichtigsten Farbprofile für den Offsetdruck und Zeitungsdruck

Gehen Sie auf die Seite

www.michael-neuhauser.de/downloads

und geben Sie das folgende Passwort ein:

Passwort: re87ze

1.2 InDesign

Nehmen Sie sich die Zeit und konfigurieren Sie in InDesign die Farbeinstellungen, den Arbeitsbereich, das Verknüpfungsfenster, die Preflight- und GREP-Funktionen.

Farbprofile downloaden und ablegen

Die Original-Farbeinstellungen von InDesign und Photoshop entsprechen häufig nicht dem deutschen Druckstandard. Standard-Farbprofile für den Offsetdruck und den Zeitungsdruck finden Sie im Downloadbereich meiner Webseite. Dort können Sie auch das RGB-Profil »eciRGB v2« herunterladen, welches von einigen Fotografen verwendet wird.

1 Downloaden Sie die Zip-Archive »eci_offset_2009.zip«, »ecirgbv20.zip«, »ISOnewspaper26v4_icc.zip« sowie »ISOnewspaper26v4_gr_icc.zip« von meiner Seite*.
2 Entpacken Sie die Zip-Archive und kopieren Sie die enthaltenen Farbprofile in die vorgesehenen Ordner Ihres Betriebssystems:

Mac OS X
Library\Application Support\Adobe\Color\Profiles\Recommended

Windows
Windows\system32\spool\drivers\color *oder*
Programme\Gemeinsame Dateien\Adobe\Color\Profiles

Von den entpackten Profilen werden Sie die folgenden Profile am häufigsten benötigen:

ISOcoated_v2_eci.icc   PSO_LWC_Improved_eci.icc
ISOcoated_v2_300_eci.icc   ISONewspaper26v4.icc
PSO_Uncoated_ISO12647_eci.icc ISOnewspaper26v4_gr.icc

---

* Alternativ können Sie die Farbprofile auch von den offiziellen Seiten herunterladen.
Offsetprofile: www.eci.org
Zeitungsprofile: www.wan-ifra.org

Farbeinstellungen konfigurieren

Haben Sie die Farbprofile ordnungsgemäß abgelegt, geht es an die Farbeinstellungen von InDesign. Öffnen Sie die Farbeinstellungen (Menü > Bearbeiten > Farbeinstellungen) und konfigurieren Sie diese wie folgt:

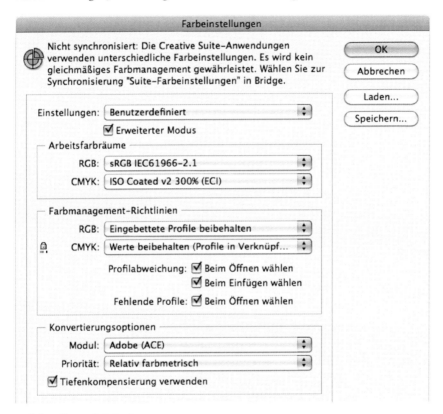

Farbeinstellungen in InDesign

Achten Sie darauf, dass die Farbmanagement-Richtlinie von CMYK auf »Werte beibehalten (Profile in Verknüpfungen ignorieren)« steht. Sonst werden beim PDF-Export auch CMYK-Bilder erneut nach CMYK gewandelt.

Arbeitsbereich einrichten

Zusätzlich zum Steuerungsfenster (Menü > Ansicht > Steuerung) sind die folgenden Fenster für die Reinzeichnung von Bedeutung:

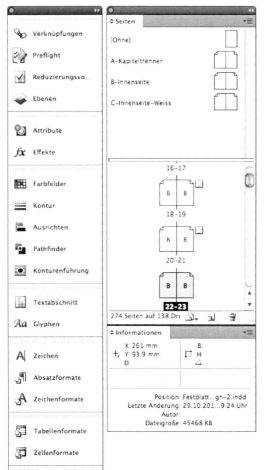

Nachdem Sie alle Fenster positioniert haben, speichern Sie die Anordnung unter »Fenster > Arbeitsbereich > Neuer Arbeitsbereich« ab.

Verknüpfungsfenster einrichten

In der Standardeinstellung werden im Verknüpfungsfenster zu wenig Informationen eingeblendet. Richten Sie das Verknüpfungsfenster bitte folgendermaßen ein:

1 Öffnen Sie die Bedienfeldoptionen im Verknüpfungsfenster.

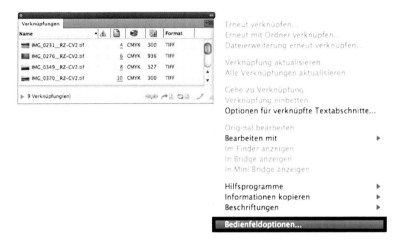

2 Aktivieren Sie unter »Spalte anzeigen« die Punkte »Status, Seite, Farbraum, ppi effektiv und Format«.

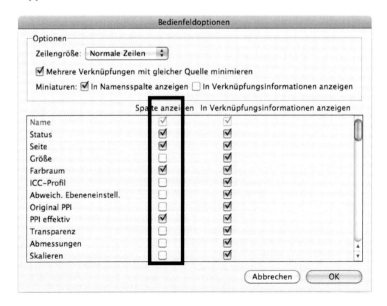

Schwarzdarstellung einrichten

Prüfen Sie bitte die Schwarzdarstellung in InDesign. Bei falscher Einstellung werden zum Beispiel die folgenden Farbwerte im gleichen Schwarzton dargestellt:

C 0 | M 0 | Y 0 | K 100
C 50 | M 60 | Y 40 | K 100

Beim zweiten Farbwert handelt es sich jedoch um ein Tiefschschwarz, welches im Druck satter und dunkler erscheint als der erste Farbwert.

Ändern Sie unter »Menü > InDesign > Voreinstellungen > Schwarzdarstellung« die Einstellungen auf:

Am Bildschirm: *Alle Schwarztöne korrekt anzeigen*
Beim Druck/Export: *Alle Schwarztöne korrekt anzeigen*

Preflight einrichten

Ab der InDesign-Version CS4 können Sie einige Bereiche aus diesem Buch mit der Funktion »Preflight« prüfen lassen. Dabei bestimmt ein hinterlegtes Profil, welche Inhalte und Eigenschaften Ihres Dokuments überprüft werden sollen. Da im Grundprofil nicht alle relevanten Punkte aktiviert sind, müssen Sie zunächst ein eigenes Profil erstellen:

1 Wählen Sie im Preflight-Fenster (Menü > Fenster > Ausgabe > Preflight) den Menüpunkt »Profile definieren«.

2 Im sich öffnenden Fenster erstellen Sie mit dem Pluszeichen ein neues Profil.

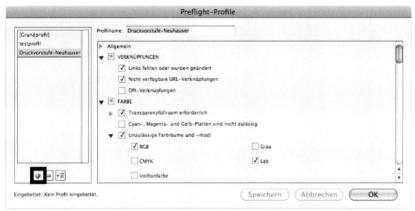

3 Welche Einstellungen sinnvoll sind und wie Sie bei einer Fehlermeldung vorgehen, sehen Sie auf den folgenden Seiten:

Verknüpfungen

☑ **Links fehlen oder wurden geändert**

Verknüpfte Bilder oder auch verknüpfte Texte müssen intakt sein.

Problemlösung
Aktualisieren Sie die Verknüpfungen.

☑ **OPI-Verknüpfungen**

Beinhaltet Ihr Dokument platzierte PDFs aus fremder Quelle, kann es passieren, dass die PDFs OPI-Kommentare enthalten. Diese landen meist versehentlich im PDF und können zu einer fehlerhaften Ausgabe führen.

Problemlösung
Prüfen Sie das platzierte PDF zunächst wie ab *Seite 174* beschrieben. Ist es abgesehen von den OPI-Kommentaren in Ordnung, können Sie die OPI-Kommentare mit dem Acrobat-Preflight entfernen:

1 Öffnen Sie die Preflight-Funktion in Adobe Acrobat.
2 Klicken Sie auf das Schraubenschlüssel-Symbol »Einzelne Korrekturen auswählen«.
3 Geben Sie im Suchfeld OPI ein.
4 Doppelklicken Sie auf die Korrektur »OPI-Informationen entfernen« und speichern Sie das PDF unter neuem Namen ab.

Farbe

- [x] **Transparenzfüllfarbraum erforderlich > CMYK**

    Ihr Dokument darf nicht im Transparenzfüllfarbraum RGB angelegt sein. Werden Transparenzen bei der PDF-Ausgabe reduziert, wandelt InDesign sonst alle Seiten mit Transparenzen in den Farbraum RGB um.

    Problemlösung
    Wählen Sie »Menü > Bearbeiten > Transparenzfüllraum > Dokument-CMYK«.

- [x] **Unzulässige Farbräume und -modi**

    - [x] RGB - [x] Lab

    Die meisten Druckereien erlauben keine RGB- und LAB-Farben im Druck-PDF. Nur wenn Sie RGB-Bilder erst beim PDF-Export nach CMYK umwandeln, können Sie die Fehlermeldung bei RGB-Bildern ignorieren.

    Problemlösung
    Werden Sie vor Bildern im RGB/LAB-Farbraum gewarnt, müssen Sie diese in Photoshop in den CMYK-Farbraum konvertieren. Bei Texten, Linien und Flächen im RGB/LAB-Farbraum stellen Sie die entsprechenden Farbfelder auf CMYK um.

- [x] **Volltonfarbeinrichtung**

    - [x] **Maximal zulässige Anzahl Volltonfarben: 3**

    Mehr als 3 Volltonfarben in einem Dokument kommen sehr selten vor. Deshalb handelt es sich dabei meistens um falsche Farbdefinitionen. So kann es passieren, dass dieselbe Sonderfarbe mit abweichender Schreibweise mehrfach im Dokument angewandt wurde.

    Problemlösung
    Überprüfen Sie im Farbfelder-Fenster, ob die Anzahl der Sonderfarben gewünscht ist und korrigieren Sie diese gegebenenfalls.

- [x] **Überdrucken in InDesign angewendet**

    Da überdruckende Objekte durchaus erwünscht sein können (schwarze Objekte, Veredelungen und Stanzformen), ist diese Meldung mehr als Hinweis zu verstehen. Sie bekommen eine schnelle Übersicht der überdruckenden Objekte in Ihrem Dokument und können diese überprüfen.

    Mehr Informationen zum Überdrucken finden Sie ab *Seite 71*.

    Problemlösung
    Markieren Sie das entsprechende Element und aktivieren/deaktivieren Sie unter »Menü > Fenster > Attribute« den Punkt »Fläche überdrucken« bzw. »Kontur überdrucken«.

☑ **Überdrucken auf Weiß oder [Papier]-Farbe angewendet**

Weiße Elemente dürfen nie auf Überdrucken stehen. Andernfalls werden Sie mit der darunterliegenden Farbe verrechnet und verschwinden.

Problemlösung
In InDesign ist es nicht möglich weiße Elemente auf Überdrucken zu stellen. Dieses Problem tritt daher meistens in platzierten EPS-Dokumenten auf. Öffnen Sie das entsprechende EPS-Dokument in Illustrator, markieren Sie das weiße Objekt und entfernen Sie anschließend unter »Menü > Fenster > Attribute« den Haken bei »Fläche überdrucken« bzw. »Kontur überdrucken«.

☑ **[Passermarken]-Farbe angewendet**

Es handelt sich um ein Standard-Farbfeld in Illustrator und InDesign. Optisch ist es nicht vom »normalen« Schwarz zu unterscheiden, besteht jedoch aus 100 % Cyan, 100 % Magenta, 100 % Gelb und 100 % Key (Schwarz). Es darf nur für Schneidemarken, Falzmarken und Passermarken verwendet werden.

Hinweis
Befinden sich in Ihrem Dokument PDF-Dateien, die im Original Schneidemarken, Falzmarken und Passermarken enthalten, werden Sie gewarnt, auch wenn das PDF ohne diese Marken eingefügt wurde (platziert als »Zuschnitt«). Sind die Marken in Ihrem Dokument nicht sichtbar, können Sie die Fehlermeldung ignorieren.

Problemlösung
Verwenden Sie für Texte und Linien das Farbfeld [Schwarz] . Dieses Farbfeld besteht nur aus dem Farbkanal Key (Schwarz) und enthält kein Cyan, Magenta und Gelb.

Bilder und Objekte

☑ **Bildauflösung**

☑ **Maximalauflösung für Farbbild: 450**
☑ **Minimalauflösung für Farbbild: 220**

☑ **Maximalauflösung für Graustufenbild: 450**
☑ **Minimalauflösung für Graustufenbild: 220**

☑ **Maximalauflösung für 1-Bit-Bild: 3600**
☑ **Minimalauflösung für 1-Bit-Bild: 1000**

Die eingestellten Werte sind Richtwerte für Printprodukte im Offsetdruck mit 80er Raster.

Problemlösung
Ist die Bildauflösung zu gering, müssen Sie das Bild im Layout verkleinern oder mit einem anderen Bild ersetzen. Ist die Bildauflösung zu hoch, sollten Sie das Bild auf die gewünschte Auflösung reduzieren. *Details zur notwendigen Bildauflösung siehe Seite 42.*

- ☑ **Nicht proportionale Skalierung des platzierten Objekts**

    Wurde ein platziertes Objekt nicht proportional skaliert (z. B. Breite: 100 %, Höhe 120 %), wirkt es verzerrt.

    Problemlösung
    Markieren Sie das entsprechende Objekt mit dem weißen Pfeil und wählen Sie für Breite und Höhe denselben Prozentwert.

- ☑ **Abweichungen von Ebenensichtbarkeit**

    Wenn Sie eine PSD-Datei (Photoshop) mit Ebenen platzieren, können Sie bei den Importoptionen ausgewählte Ebenen ein- oder ausblenden. Folglich kann das platzierte Objekt in InDesign optisch von der Originaldatei abweichen. Ob dies tatsächlich beabsichtigt wurde, müssen Sie von Fall zu Fall entscheiden.

    Problemlösung
    Die Ebenen-Einstellungen eines Bildes kontrollieren Sie unter »Menü > Objekt > Objektebenenoptionen«. Um den Originalzustand wiederherzustellen, wählen Sie das entsprechende Bild aus und platzieren es unter »Menü > Datei > Platzieren« erneut.

- ☑ **Mindestkonturenstärke**

    - ☑ **Mindestkonturenstärke: 0,25 pt**

    Vermeiden Sie bei Linien eine Konturenstärke unter 0,25 pt.
    Mehr Infos zur Konturenstärke siehe Seite 67.

    Problemlösung
    Markieren Sie die Linien und ändern Sie unter »Menü > Fenster > Kontur« die Strichstärke auf mindestens 0,25 pt.

- ☑ **Interaktive Elemente**

    - ☑ **Video**
    - ☑ **Animierte Objekte**
    - ☑ **Schaltflächen**
    - ☑ **Audio**
    - ☑ **Objekte mit mehreren Status**

    Interaktive Elemente haben in einem Dokument, das für den Druck vorgesehen ist, nichts verloren.

    Problemlösung
    Ersetzen Sie diese interaktiven Elemente durch statische Elemente.

- [x] **Probleme beim Anschnitt/Zuschnitt**

    Satzspiegel (Versatz vom Zuschnitt)
    Oben | Unten | Links/Innen | Rechts | Außen > 3,9 mm

    Da es beim Endbeschnitt Ihres Printproduktes zu Ungenauigkeiten kommen kann, sollten wichtige Inhalte mindestens 4 mm vom Seitenrand entfernt sein.

    - [x] **Auf Objekte in der Nähe des Bundes prüfen**

Text

- [x] **Übersatztext**

    Bei Übersatztext handelt es sich um Text, der nicht mehr in den zugehörigen Rahmen passt und ausgeblendet wird.

    Problemlösung
    Vergrößern Sie den Textrahmen.

- [x] **Schriftart fehlt**

    Enthält Ihr Dokument eine Schrift, die nicht auf Ihrem Rechner aktiviert wurde, verwendet InDesign eine Ersatzschrift.

    Problemlösung
    Aktivieren Sie die fehlende Schrift auf Ihrem Rechner.

- [x] **Glyphe fehlt**

    Ein Zeichen (z. B. Eurozeichen) wurde eingefügt, das in der verwendeten Schrift nicht vorhanden ist.

    Problemlösung
    Wählen Sie eine Schrift, die das entsprechende Zeichen enthält.

- [x] **Unzulässige Schrifttypen**

    - [x] **Bitmap**
    - [x] **Type 1 Multiple Master**
    - [x] **ATC**

    Die oben genannten Schriften können zu Problemen beim Druckprozess führen und sollten nicht verwendet werden.

    - [x] **Geschützte Schriften**

    InDesign kann geschützte Schriften nicht in das PDF einbetten!

    Problemlösung
    Ersetzen Sie die oben genannten Schriften mit einer True Type, Open Type oder Postscript-Schrift.

- [x] **Dynamische Rechtschreibprüfung meldet Fehler**

    Auch wenn die Rechtschreibprüfung in InDesign zu wünschen übrig lässt, können Sie mit ihr zumindest grobe Fehler ausfindig machen. Verlassen sollten Sie sich auf die integrierte Rechtschreibprüfung allerdings nicht.

- [x] **Nicht proportionale Schriftenskalierung**

    Wurde ein Text versehentlich in der Breite verzerrt, werden Sie darauf hingewiesen.

    Eine leichte Verzerrung kann jedoch auch beabsichtigt sein: Mit einer dezenten »horizontalen Skalierung« können Sie im Blocksatz ein schlechtes Satzbild häufig verbessern (siehe *Seite 126*).

    Problemlösung
    War die Verzerrung unbeabsichtigt, markieren Sie den Text und setzen Sie die horizontale Skalierung auf 100 %.

- [x] **Mindestschriftgröße**

    - [x] **Mindestschriftgröße: 5 pt**

    In den meisten Fällen sollten Sie eine Schriftgröße von 5 pt nicht unterschreiten.

    Problemlösung
    Markieren Sie den Text und setzen Sie die Schriftgröße auf mindestens 5 pt.

- [x] **Querverweise**
    - [x] **Querverweise sind veraltet**
    - [x] **Querverweise sind ungelöst**

    Veralteten oder ungelösten Querverweisen sollten Sie unbedingt auf den Grund gehen.

    Problemlösung
    Aktualisieren Sie die Querverweise unter »Fenster > Schrift und Tabellen > Querverweise«.

- [x] **Kennzeichen für bedingten Text werden gedruckt**

    Die Kennzeichnung von bedingtem Text kann auf »Einblenden«, »Einblenden und Drucken«, oder auf »Ausblenden« stehen. Überprüfen Sie deshalb, ob bedingter Text versehentlich auf »Einblenden und Drucken« steht.

    Problemlösung
    Stellen Sie unter »Fenster > Schriften und Tabellen > Bedingter Text« das Kennzeichen auf »Einblenden« oder »Ausblenden«.

Dokument

- [x] **Leere Seiten**

    Prüfen Sie, ob leere Seiten in Ihrem Dokument beabsichtigt sind.

- [x] **Anschnitt und Infobereich einrichten**
    - [x] **Erforderliche Größe des Anschnitts: Minimal**
    - [x] **Oben | Unten | Links | Rechts > 3 mm**

    Die meisten Druckereien verlangen einen Beschnitt von 3 mm. Bei einigen Online-Druckereien sind jedoch auch 2 mm üblich.

    Problemlösung
    Stellen Sie den Beschnitt/Anschnitt unter »Datei > Dokument einrichten« auf den von der Druckerei angegebenen Wert. Erweitern Sie anschließend alle randabfallenden Objekte im Dokument bis zu den Beschnitt-Hilfslinien.

    - [x] **Alle Seiten müssen das gleiche Format und die gleiche Ausrichtung haben**

    Beinhaltet Ihr Dokument keine verkürzten Seiten (wie bei Wickelfalz-Flyern), müssen alle Seiten das gleiche Format und die gleiche Ausrichtung aufweisen.

    Problemlösung
    Benutzerdefinierte Seitenformate können Sie unter »Fenster > Seiten« ändern.

GREP-Suchfunktionen downloaden und ablegen

Die Suchfunktion GREP ist ein hilfreiches Werkzeug, mit dem Sie fehlerhafte Inhalte aufspüren und mit korrekten Inhalten ersetzen können.

Suchfunktionen downloaden

Auf meiner Webseite stehen Ihnen umfangreiche Suchfunktionen zum Download bereit. Die Zugangsdaten finden Sie auf *Seite 8*.

Suchfunktionen ablegen

Die XML-Dateien kopieren Sie in den GREP-Ordner von InDesign.

Mac OS X
Benutzer\[Benutzername]\Library\Preferences\Adobe InDesign\[Version]\[Sprache]\Find-Change Queries\GREP

Wenn Sie Mac OS X 10.7 oder höher verwenden, ist der Library-Ordner ausgeblendet. Wechseln Sie in den »Finder« und klicken Sie mit gedrückter alt-Taste auf den Menüpunkt »Gehe zu«. Dort erscheint nun der Library-Ordner.

Windows
Benutzer\[Benutzername]\AppData\Roaming\Adobe\InDesign\[Version]\[Sprache]\Find-Change Queries\GREP

Haben Sie die Suchfunktionen korrekt abgelegt, erscheinen diese im Suchen/Ersetzen-Dialogfeld unter »Abfrage«.

Mehr zu GREP ab Seite 132

1.3 Photoshop

Wie auf Seite 9 beschrieben haben Sie bereits die relevanten Farbprofile heruntergeladen, abgelegt und in InDesign aktiviert. Nun müssen Sie die Farbeinstellungen von Photoshop konfigurieren.

Farbeinstellungen

Öffnen Sie die Farbeinstellungen (Menü > Bearbeiten > Farbeinstellungen) und konfigurieren Sie diese wie folgt:

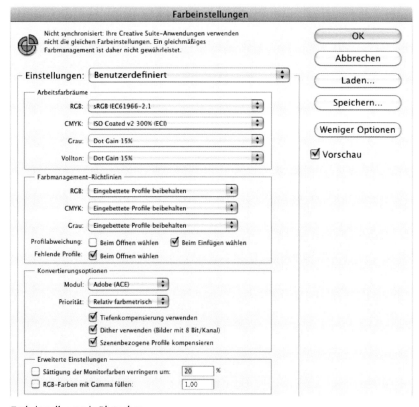

Farbeinstellungen in Photoshop

1.4 Acrobat

Damit Sie Ihre PDF-Dokumente gewissenhaft prüfen können, nehmen Sie bitte zunächst die folgenden Einstellungen vor.

Voreinstellungen

Ändern Sie die Voreinstellungen unter »Acrobat > Voreinstellungen > Seitenanzeige« wie folgt:

Lokale Schriften verwenden > deaktivieren
Schriften müssen immer eingebettet sein. Deaktivieren Sie diesen Punkt, damit nur eingebettete Schriften korrekt dargestellt werden.

Objekt-, Endformat- und Anschnitt-Rahmen einblenden > aktivieren
Wenn Sie Ihr Dokument mit Beschnittzugabe, aber ohne Schnittmarken exportiert haben, können Sie die Beschnittzugabe mit dem eingeblendeten Anschnitt-Rahmen kontrollieren.

Vorschau für Überdrucken > immer
Damit Transparenzen und überdruckende Elemente verbindlich dargestellt werden, muss die Überdruckenvorschau immer aktiviert sein.

Dünne Linien stärker darstellen > deaktivieren
Dieser Punkt muss deaktiviert sein. Andernfalls kann es dazu führen, dass eine 0,1 pt Linie genauso dargestellt wird wie eine 0,3 pt Linie. Auch, wenn bei in Pfaden gewandelten Schriften bestimmte Buchstaben fetter erscheinen als andere, kann es an dieser Einstellung liegen.

Vektorgrafiken glätten (nur testweise aktivieren)
»Vektorgrafiken glätten« eventuell aktivieren, um erkennen zu können, ob Texte in Pfade konvertiert wurden. Denn in Pfade umgewandelter Text kann im Druck gelegentlich fetter erscheinen. Als Grundeinstellung sollten Sie diese Funktion jedoch deaktivieren.

Acrobat Preflight einrichten

Wie in InDesign, so gibt es auch in Acrobat eine Prüffunktion mit dem Namen »Preflight«. Diese ist jedoch wesentlich umfangreicher als ihr Pendant in InDesign. Leider sind die vordefinierten Prüfprofile nur bedingt zu gebrauchen.

Sehr zu empfehlen sind stattdessen die Prüfprofile von PDFX-ready. Aktuell bietet PDFX-ready Prüfprofile für die PDF/X-Standards PDF/X-1a (funktioniert auch für PDF/X-3) sowie PDF/X-4 an. Diese gibt es jeweils für den Bogenoffset-, Rollenoffset- und Zeitungsdruck.

Die Prüfprofile finden Sie auf **www.pdfx-ready.ch** unter **Downloads** > **Creator Workflow** > **Acrobat Prüfprofile.**

Nachdem Sie die beiden Zip-Archive mit den Prüfprofilen heruntergeladen und entpackt haben, müssen Sie diese in Acrobat importieren.

1 Öffnen Sie das Preflight-Fenster in Acrobat.
2 Klicken Sie rechts oben auf die Optionen und wählen Sie »Preflight-Profil importieren«.

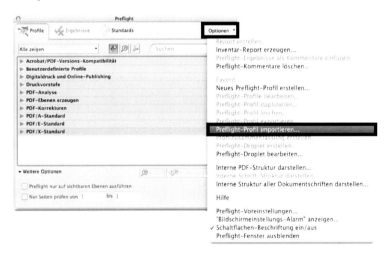

3 Importieren Sie nun zunächst die Profile für den Standard X-1a:
   PXR-Bogenoffset Classic HQ V13.kfp
   PXR-Rollenoffset Classic HQ V13.kfp
   PXR-Zeitung Classic HQ V13.kfp

4 Diese erscheinen nun unter der Rubrik »Importierte Profile«.

5 Wählen Sie ein Profil aus und klicken Sie auf »Bearbeiten».
6 Im folgenden Fenster markieren Sie in der linken Spalte die PDFX-ready-Profile und wählen in der rechten Spalte unter »Gruppe« die Option »Neue Gruppe«. Vergeben Sie anschließend einen eindeutigen Gruppennamen wie »PDFX-ready HQ 1.3 (x-1a)« und bestätigen Sie mit »OK«.

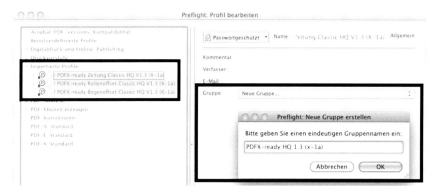

7 Importieren Sie nun die Profile für den Standard X-4 und verschieben Sie diese ebenfalls in eine eigene Gruppe.

Für Acrobat 9 und Acrobat X
PDFX-ready Bogenoffset CMYK V222d (PDF_X-4) fuer Acrobat9+X.kfp
PDFX-ready Rollenoffset CMYK V222d (PDF_X-4) fuer Acrobat9+X.kfp
PDFX-ready Zeitung CMYK V222d (PDF_X-4) fuer Acrobat9+X.kfp

Für Acrobat XI und Acrobat DC
PDFX-ready Bogenoffset CMYK V23 (PDF_X-4) fuer Acrobat XI+DC.kfp
PDFX-ready Rollenoffset CMYK V23 (PDF_X-4) fuer Acrobat XI+DC.kfp
PDFX-ready Zeitung CMYK V23 (PDF_X-4) fuer Acrobat XI+DC.kfp

8 **Wie Sie ein PDF mit diesen Profilen prüfen, erfahren Sie ab *Seite 181*.**

Projektvorbereitung

Mit einer guten Vorbereitung vermeiden Sie Fehler und Missverständnisse im Produktionsprozess.

2.1 Informationen einholen

Bevor Sie mit der Reinzeichnung beginnen, benötigen Sie zunächst einige Informationen zum Auftrag.

Wurde das Dokument inhaltlich und grafisch geprüft?
Stellen Sie sicher, dass das Dokument inhaltlich und grafisch vom Kunden/Projektverantwortlichen geprüft wurde. Die wichtigsten Punkte im Überblick:

- Das Dokument enthält die richtigen Inhalte
- Seitenzahl ist durch 4 teilbar (bei Broschüren und Büchern)
- Rechtschreibung, Zeichensetzung, Grammatik
- Kontaktdaten
- Terminangaben bei Veranstaltungen
- Allgemeine Seitenzahlen
- Seitenzahlen bei Querverweisen im Fließtext und Impressum (Bild- und Quellennachweisen)
- Rubriktitel und Kopfzeilen
- Preisangaben
- Impressum vollständig (Bildnachweise etc.)

Wird ein Farbproof benötigt?
Wenn es auf eine exakte Farbwiedergabe ankommt, ist es empfehlenswert, vor dem Druckgang einen Farbproof anfertigen zu lassen. Da die Farben je nach Raumbeleuchtung unterschiedlich wirken, sollten Sie diesen unter einer Normlichtlampe betrachten.

Wird ein Formproof/Korrekturabzug geliefert?
Der Formproof ist ein Ausdruck oder ein PDF des ausgeschossenen Druckbogens. Mit ihm können Stand und Vollständigkeit aller Elemente vor dem eigentlichen Druckgang zuverlässig kontrolliert werden. Er ist jedoch nicht farbverbindlich.

Liegen alle relevanten Informationen zum Druck vor?

Von der Druckerei benötigen Sie die folgenden Informationen:

PDF/X-Standard des Druck-PDFs

Wie soll das Druck-PDF geschrieben werden? Als PDF/X-1a, PDF/X-3 oder PDF/X-4? Die unterschiedlichen PDF/X-Standards geben vor, wie Bilddaten, Schriften, Farben und Transparenzen im PDF »gespeichert« werden.

Wichtig: Die PDF/X-Standards bilden dabei nur die absolute Grundvoraussetzung für druckfähige PDFs. Elementare Punkte wie Bildauflösung, Farbaufbau, Farbauftrag, Überdrucken und Aussparen müssen Sie selbst kontrollieren.

Die PDF/X-Standards unterscheiden sich hauptsächlich in den folgenden Punkten:

PDF/X-1a
- RGB- und LAB-Farben sind verboten:
  Bilder und Farben mit diesen Farbräumen werden beim PDF-Export in den ausgewählten CMYK-Farbraum konvertiert (siehe *Seite 169*)
- Transparenzen werden reduziert

PDF/X-3
- RGB- und LAB-Farben sind erlaubt (was nicht bedeutet, dass sie erwünscht sind!)
- Transparenzen werden reduziert

PDF/X-4
- RGB- und LAB-Farben sind erlaubt (was nicht bedeutet, dass sie erwünscht sind!)
- Transparenzen werden **nicht** reduziert

Farbprofil für die Bilddaten

Fragen Sie Ihre Druckerei, in welches CMYK-Farbprofil und in welches Graustufenprofil Sie Ihre Bilder konvertieren sollen. Sie müssen zum Druckverfahren und dem verwendeten Papiertyp passen. *Weitere Informationen finden Sie im Kapitel »3.4 Farbprofile« ab Seite 46.*

Maximaler Farbauftrag

Erkundigen Sie sich nach dem maximalen Farbauftrag für Bilder und Grafiken. *Weitere Informationen zum Thema Farbauftrag finden Sie ab Seite 75.*

Benötigte Beschnittzugabe und Schnittmarken

Objekte, die bis zum Seitenrand laufen, benötigen eine Beschnittzugabe. Werden die Druckbögen ungenau beschnitten, kann es sonst passieren, dass an den Seitenrändern das Papierweiß zu sehen ist. Wie viel Beschnitt bei Ihrem Auftrag erforderlich ist (üblich sind 2–3 mm) und ob Sie Schnittmarken exportieren müssen, erfahren Sie von der ausführenden Druckerei.

Erster sichtbar druckender Tonwert
Falls Sie mit sehr hellen Farbtönen arbeiten, müssen Sie wissen, ab wann ein Tonwert (Angabe in Prozent) sichtbar auf das Papier gebracht werden kann.

Optimale Bildauflösung
Die notwendige Auflösung ist abhängig vom verwendeten Druckraster, dem Betrachtungsabstand zum gedruckten Medium und dem Bildkontrast. Erkundigen Sie sich zunächst bei der Druckerei nach der optimalen Auflösung für das jeweilige Druckverfahren. Wie sich der Betrachtungsabstand auf die notwendige Auflösung auswirkt, sehen Sie auf *Seite 42*.

2.2 Vergleichs-PDF und Sicherungskopie

Wenn Sie unter Zeitdruck arbeiten, kann es passieren, dass Sie während der Reinzeichnung versehentlich Elemente verschieben, löschen oder gar ein falsches Bild platzieren. Deshalb benötigen Sie zunächst ein PDF und eine Sicherungskopie vom aktuellen Dokument.

PDF vom aktuellen Stand schreiben
Schreiben Sie also noch vor der Reinzeichnung vom aktuellen Stand ein PDF und verwenden Sie dazu die Einstellungen ab *Seite 163*. Dann können Sie nach der Reinzeichnung das finale Dokument mit dem gelieferten Dokument abgleichen. Wie Sie Dokumente schnell abgleichen erfahren Sie auf *Seite 183*.

Sicherungskopie anlegen
Gehen Sie auf Nummer sicher und duplizieren Sie das InDesign-Dokument vor der Reinzeichnung. Benennen Sie das neue Dokument aussagekräftig, beispielsweise mit dem Zusatzkürzel »_RZ1«. Sollten nach der Reinzeichnung weitere Korrekturen folgen, erstellen Sie für jeden Korrekturstep ein neues Dokument. Achten Sie dabei auf eine fortlaufende Nummerierung (Dokumentname_RZ1.indd, Dokumentname_RZ2.indd …).

Technische Grundlagen

Die Empfehlungen in diesem Kapitel sind Grundvoraussetzung für ein gutes Druckergebnis im Offsetdruck.

3.1 Dokument

Bevor Sie sich an die grafischen Inhalte wagen, prüfen Sie zunächst die Punkte Farbeinstellungen, Dokumentformat, Seitenanzahl, Beschnitt und Infobereich.

Profilwarnungen beachten

Haben Sie InDesign wie ab *Seite 9* beschrieben konfiguriert, bekommen Sie bei Dokumenten, die mit einer anderen Farbeinstellung erstellt wurden, eine Warnmeldung. Dabei gibt es eine Warnmeldung für die CMYK-Einstellungen und eine Warnmeldung für die RGB-Einstellungen. Sollten Sie eine solche Meldung bekommen, gehen Sie bitte wie folgt vor:

CMYK-Einstellungen

1 Aktivieren Sie den Punkt »Dokument an die aktuellen Farbeinstellungen anpassen«.

2 Unter »Profil zuweisen« wählen Sie ein zum Druckverfahren und Papiertyp passendes Farbprofil aus (siehe *Seite 29*).

3 Unter »Platzierter Inhalt« wählen Sie **»Alle Profile deaktivieren«**. Andernfalls werden beim Export eines PDF/X-1a auch CMYK-Bilder umgewandelt.

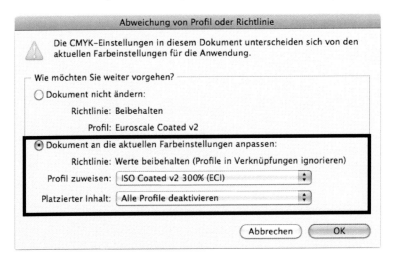

RGB-Einstellungen

1 Aktivieren Sie den Punkt »Dokument an die aktuellen Farbeinstellungen anpassen«.
2 Unter »Profil zuweisen« wählen Sie das Profil »sRGB« aus.
3 Im Gegensatz zu den CMYK-Einstellungen wählen Sie hier unter »Platzierter Inhalt« **»Alle Profile aktivieren«**. So vermeiden Sie, dass RGB-Bildern versehentlich der RGB-Arbeitsfarbraum des Dokuments zugewiesen wird.

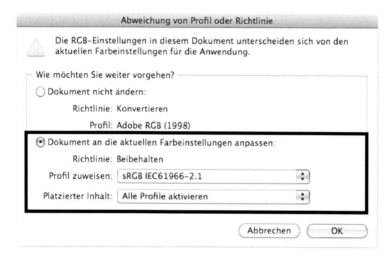

Format, Seitenanzahl, Beschnitt und Infobereich prüfen

Öffnen Sie das Dialogfenster »Menü > Datei > Dokument einrichten« und kontrollieren Sie das Seitenformat, die Seitenzahl und den Beschnitt/Anschnitt.

Seitenformat
Vergleichen Sie das angelegte Seitenformat mit dem Seitenformat im Druckauftrag.

Seitenzahl
Prüfen Sie, ob die Seitenzahl Ihres Dokuments mit der Seitenzahl im Druckauftrag übereinstimmt. **Wichtig:** Bei Büchern und Broschüren müssen Sie darauf achten, dass die Gesamtseitenzahl durch 4 teilbar ist.

Beschnitt/Anschnitt
Für gewöhnlich beträgt der gewünschte Beschnitt 2–3 mm. Wünscht die Druckerei einen Beschnitt von lediglich 2 mm, empfehle ich Ihnen, die Layoutdaten dennoch mit 3 mm anzulegen. Beim PDF-Export können Sie den Wert automatisch auf 2 mm reduzieren. Umgekehrt ist es komplizierter. Möchte eine andere Druckerei Druckdaten mit 3 mm Beschnitt, müssen Sie alle randabfallenden Objekte manuell auf 3 mm erweitern.

Infobereich
Sollen Elemente, die sich außerhalb von Seitenformat und Beschnitt befinden, beim PDF-Export ausgegeben werden, müssen Sie einen Infobereich definieren. Dies ist etwa bei manuell angelegten Falzmarken notwendig (siehe *Seite 96*).

3.2 Schriften

Fehlen im Dokument Schriften oder sind sie zu klein und zu hell, führt das zu Darstellungsfehlern und Problemen im Druck.

Fehlende Schriften aktivieren

Ist eine Schrift nicht aktiviert, werden Textelemente fehlerhaft dargestellt. Öffnen Sie deshalb zunächst das Dialogfeld »Schriftart suchen« (Menü > Schrift > Schriftart suchen) und sehen Sie nach, ob eine Schrift fehlt. Fehlende Schriften werden mit einem gelben Warndreieck gekennzeichnet.

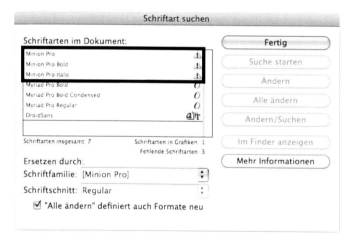

Aktivieren Sie die fehlenden Schriften in Ihrem System. Im Optimalfall tun Sie dies mit einer Software zur Schriftenverwaltung. Alternativ kopieren Sie die entsprechende Schrift in den Schriftenordner Ihres Betriebssystems.

Falsche Schriften ersetzen

Befinden sich in diesem Dialogfeld Schriften, die in Ihrem Layout nicht vorgesehen sind, ist das nicht ungewöhnlich. Häufig kommt es vor, dass in einem Umbruchzeichen oder vermeintlich leeren Textrahmen versehentlich eine andere Schrift verwendet wurde.

Beim späteren PDF-Export werden diese Schriften ebenfalls in das PDF eingebettet. Auch wenn Sie das InDesign Dokument für Dritte »verpacken«, legt InDesign diese Schriften im »Fonts«-Ordner ab. Das ist nicht weiter tragisch, kann aber zu Missverständnissen führen.

Ersetzen Sie deshalb Schriften, die in Ihrem Dokument nichts verloren haben, wie folgt:

1 Klicken Sie auf die fehlende Schrift im Fenster »Schriftart suchen«.
2 Wählen Sie unter »Schriftfamilie« und »Schriftschnitt« eine Ersatzschrift aus.
3 Anschließend klicken Sie auf »Suche starten«. Prüfen Sie zunächst, wo die falsche Schrift angewandt wurde und ob sich durch das Ersetzen der falschen Schrift Ihr Layout verändern könnte.

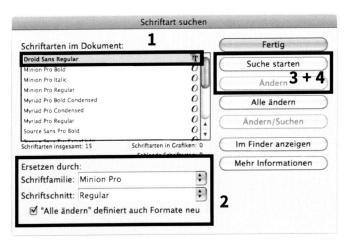

4 Jetzt klicken Sie auf »Ändern«.
5 Wiederholen Sie Schritt 2, 3 und 4 bis die Schrift aus dem Dialogfeld verschwunden ist.

Schriftgrößen nicht kleiner als 5 pt

Setzen Sie Ihre Schriften nicht kleiner als 5 pt. Wie klein Sie die verwendete Schrift tatsächlich drucken können, hängt unter anderem von den folgenden Faktoren ab:

Schriftart und Schriftschnitt

Schriftarten mit einheitlicher Strichstärke (z. B. Helvetica) eignen sich für kleine Schriftgrößen besser als Schriften mit einem großen Strichstärkenkontrast (z. B. Bodoni). Feine Schriftschnitte wie »light« oder »extra light« können abhängig vom verwendeten Farbwert und Druckraster fransig wirken.

X-Höhe/Mittellänge

Schriften mit einer großen X-Höhe (Höhe der Kleinbuchstaben) sind in kleinen Schriftgraden besser lesbar und werden insbesondere für allgemeine Geschäftsbedingungen gerne verwendet.

Druckraster

Wie gut eine kleine Schrift lesbar ist, hängt auch maßgeblich vom verwendeten Druckraster ab. Im Offsetdruck mit 80er Raster sind kleinere Schriftgrößen möglich als im Zeitungsdruck mit 50er Raster. Fragen Sie im Zweifelsfall bei der ausführenden Druckerei nach.

Tonwert

Besonders bei kleinen Schriften mit Tonwerten unter 100 % kann es gedruckt zum sogenannten Sägezahneffekt kommen. Die Schrift hat keine saubere Kontur und wirkt fransig. Achten Sie deshalb darauf, dass zumindest ein dunkler Farbauszug (Cyan, Magenta oder Schwarz) mit 100 % gedruckt wird.

Vorsicht bei hellen Schriften

Wie im vorherigen Abschnitt bereits erwähnt, können Schriften mit Tonwerten kleiner als 100 % im gedruckten Zustand fransig aussehen. Wie Sie dennoch ein gutes Druckergebnis erzielen erfahren Sie ab *Seite 67*. Dort werden zwar feine/helle Linien behandelt, die Vorgehensweise für helle Schriften ist jedoch dieselbe.

3.3 Verknüpfungen

Müssen Sie viele Bilder und Grafiken kontrollieren, bietet sich das Fenster »Verknüpfungen« an. Hier bekommen Sie einen schnellen Überblick über die im Dokument platzierten Objekte und deren Eigenschaften.

Zusätzliche Informationen einblenden

Standardmäßig werden im Verknüpfungsfenster (Fenster > Verknüpfungen) zu wenig Informationen angezeigt. Blenden Sie deshalb zusätzlich die Spalten »Farbraum«, »ppi effektiv« und »Format« ein.

Verknüpfungen erneuern/aktualisieren

Fehlende Verknüpfungen werden mit einem roten Kreis ( ) gekennzeichnet. Wurde ein platziertes Bild oder eine Grafik nachträglich bearbeitet und neu abgespeichert, warnt InDesign mit einem gelben Dreieck ( ).

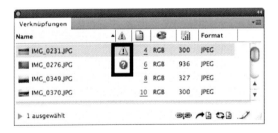

Fehlende oder geänderte Verknüpfungen sollten Sie nie »blind« aktualisieren oder ersetzen. Begutachten Sie zunächst die jeweilige Verknüpfung. Dazu klicken Sie erst auf die Verknüpfung im Verknüpfungsfenster und anschließend auf das »Gehe zur Verknüpfung«-Symbol ( ). Nun springt InDesign zum entsprechenden Bildmotiv. Verknüpfen Sie die fehlende Verknüpfung erneut ( ) oder aktualisieren Sie veränderte Verknüpfungen ( ).

Layoutbilder durch bearbeitete Bilder ersetzen

Ersetzen Sie die Layoutbilder durch die aufbereiteten Feindaten. Klicken Sie zunächst auf das jeweilige Layoutbild im Verknüpfungsfenster. Anschließend klicken Sie auf das »Gehe zur Verknüpfung«-Symbol (↗️) und springen dann zum entsprechenden Bildmotiv. Danach ersetzen Sie das Layoutbild mit dem Symbol »Erneut verknüpfen« (🔄).

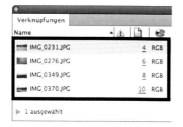

Layoutbilder im RGB-Modus

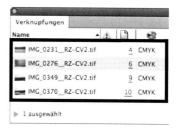

Bearbeitete Bilder im CMYK-Modus

Gibt es keinen externen Dienstleister, der sich um die Bildaufbereitung kümmert, müssen Sie die gelieferten RGB-Bilder in das richtige CMYK-Farbprofil konvertieren. Wie das geht, erfahren Sie ab *Seite 48*.

Korrektes Dateiformat prüfen

Verwenden Sie für platzierte Inhalte bitte die folgenden Dateiformate:
Farb- und Graustufenbilder > TIF, PSD und JPEG (maximale Qualität)
Einfarbige Strichgrafiken > TIF, PSD und BMP
Vektorgrafiken > EPS oder AI
Werbeanzeigen > PDF

Platzierte PDF-Dokumente prüfen

Befinden sich in Ihrem Dokument PDF-Dateien aus fremder Quelle, prüfen Sie diese bitte auf ihre Drucktauglichkeit. Mehr Infos finden Sie ab *Seite 174*.

Auflösung prüfen

Die tatsächliche Auflösung des platzierten Bildes zeigt Ihnen InDesign im Verknüpfungsfenster in der Spalte »ppi* effektiv«. Alternativ können Sie auch ein ausgewähltes Bild im Layout anklicken und die effektive Auflösung im Informationenfenster einsehen (Menü > Fenster > Informationen).

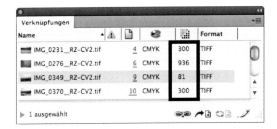 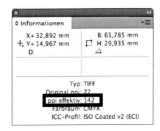

Optimale Bildauflösung

Welche Auflösung Ihre Bilder im Layout haben sollten, hängt vom verwendeten Druckraster, dem Betrachtungsabstand zum gedruckten Medium und dem Bildkontrast ab (bei unscharfen und kontrastarmen Motiven reicht häufig eine geringere Auflösung). Am besten erkundigen Sie sich bei der ausführenden Druckerei nach der empfohlenen Auflösung.

Die folgende Tabelle beinhaltet Richtwerte für ein ordentliches Druckergebnis:

Produkt	Betrachtungsabstand	Auflösung
Flyer, Folder, Broschüren	30 cm	ca. 300 dpi
		(220–300 dpi ist häufig noch in Ordnung)
Poster, Plakate bis DIN A2	1 m	ca. 100–150 dpi
Plakate DIN A1, A0	2 m und mehr	ca. 50 dpi
Großflächenplakate	5 m und mehr	ca. 20 dpi

---

* Die Auflösung von digitalen Bildern wird mit »ppi (pixels per inch)« bezeichnet. Die Auflösung von Drucksystemen mit »dpi (dots per inch)«.

Auflösung von Grafiken, Logos und Pixelschriften
Platzieren Sie Grafiken, Logos und Schriften möglichst nie als Pixelbild. Lässt es sich nicht vermeiden, achten Sie bitte darauf, dass die Auflösung **mindestens** 600 dpi beträgt.

Zu hohe Auflösung reduzieren (nur relevant bei hohem Qualitätsanspruch)
Die meisten PDF-Voreinstellungen von InDesign reduzieren Bilder mit mehr als 450 ppi auf 300 ppi. Bei diesem Vorgang verliert das Bildmotiv an Schärfe.

Deshalb verkleinern Sie Bildmotive mit zu hoher Auflösung besser in Photoshop. Dort gibt es das Interpolationsverfahren* »Bikubisch schärfer«. Reduzieren Sie die Auflösung eines Bildmotives mit dieser Einstellung, schärft Photoshop das Bildmaterial automatisch nach. Bei extremen Verkleinerungen können Sie das Bildmotiv zusätzlich mit dem Filter »Unscharf maskieren« nachschärfen. Diesen Filter finden Sie unter »Menü > Filter > Scharfzeichnungsfilter > Unscharf maskieren«.

Ab welcher Auflösung Sie Bilder manuell verkleinern und nachschärfen müssen, ist eine Frage des Qualitätsanspruchs. Bei Projekten mit durchschnittlichem Anspruch verkleinere ich Bildmotive erst manuell, wenn die Auflösung 170 % über der gewünschten Bildauflösung liegt (bei einer Zielauflösung von 300 ppi also nur Bildmotive über 510 ppi).

Und so reduzieren Sie die Auflösung manuell mit InDesign und Photoshop:

1 Klicken Sie auf das entsprechende Bildmotiv im Verknüpfungsfenster von InDesign. Anschließend springen Sie mit dem »Gehe zur Verknüpfung«-Symbol (➶🗎) zum entsprechenden Bildmotiv.

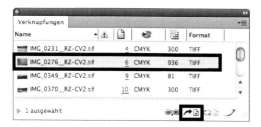

---

* Reduzieren Sie die Auflösung eines Bildmotivs, müssen Pixel im Bildmotiv gelöscht werden. Erhöhen Sie die Auflösung eines Bildmotivs, müssen Pixel hinzugefügt werden. Das Interpolationsverfahren bestimmt, wie Pixel gelöscht bzw. hinzugefügt werden.

2 Notieren bzw. kopieren Sie die Bildbreite. Achten Sie darauf, dass Sie sich die tatsächliche Bildbreite notieren (Bildauswahl mit weißem Pfeil) und nicht die Breite des äußeren Bildrahmens.

3 Öffnen Sie das Bildmotiv in Photoshop und speichern Sie es mit einem angehängten Kürzel für die neue Bildbreite erneut ab (z. B. »Bildname_105-mm.tif«).

4 Unter »Menü > Bild > Bildgröße« setzen Sie jeweils einen Haken bei »Proportionen beibehalten« und »Interpolationsverfahren«. Im darunterliegenden Auswahlfeld wählen Sie »Bikubisch schärfer«. Anschließend fügen Sie die Bildbreite aus InDesign ein. Ändern Sie die Auflösung auf den gewünschten Wert (meist 300 Pixel/Zoll). Bestätigen Sie mit »OK« und speichern Sie das Bild ab.

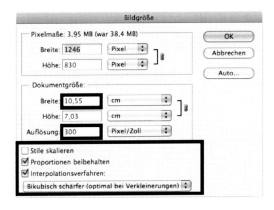

5 Zurück im InDesign ersetzen Sie im Verknüpfungsfenster das hochaufgelöste Bildmotiv mit dem reduzierten Bildmotiv.

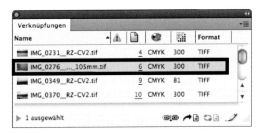

Farbraum prüfen

Anhand der Spalte »Farbraum« prüfen Sie, ob sich Ihr verwendetes Bildmaterial in den Druckfarbräumen »CMYK«, »Graustufen« oder »Schwarzweiß« befindet.
Ausnahme: Wenn Sie Ihre Bilddaten erst beim PDF-Export nach CMYK konvertieren sind auch die Farbräume »RGB« oder »LAB« in Ordnung. Mehr Infos finden Sie ab *Seite 169* .

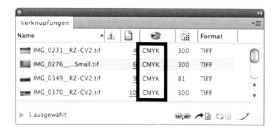

Wichtig: Auch wenn Ihre Bilddaten im Druckfarbraum »CMYK« oder »Graustufen« vorliegen, bedeutet das nicht, dass Sie für das jeweilige Druckverfahren und den Papiertyp aufbereitet wurden. Nur, wenn bei der Wandlung vom RGB-Farbraum zum CMYK/Graustufen-Farbraum das passende Farbprofil verwendet wurde, sind Ihre Bilddaten korrekt abgestimmt. Sie sind sich unsicher, ob Ihre Bilddaten mit dem geeigneten Farbprofil nach CMYK gewandelt wurden? Lesen Sie bitte das Kapitel Farbprofile ab *Seite 46*.

Bilder auf Verzerrung prüfen

Werden Bilder vergrößert oder verkleinert, kann es gelegentlich passieren, dass diese dabei verzerrt werden. Klicken Sie mit dem weißen Pfeil (Direktauswahlwerkzeug) in das Bildmotiv und schauen Sie im Transformieren-Fenster, ob die Werte für X-Skalierung und Y-Skalierung gleich sind.

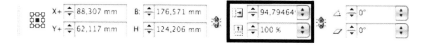

Bildhintergrund bei Freistellern prüfen

Achten Sie bei freigestellten Bildern darauf, dass der Hintergrund vollständig transparent ist. Besonders die Außenkanten des Motivs werden gerne vergessen und hinterlassen im Layout einen unschönen »Rahmen«.

3.4 Farbprofile

Zu einer professionellen Reinzeichnung gehört auch, dass Sie Ihr Bildmaterial auf das jeweilige Druckverfahren abstimmen. Eine wesentliche Rolle spielen dabei die Farbprofile.

Was sind Farbprofile?

Ziel des Farbmanagements ist es, Eingabegeräte wie Scanner und Digitalkameras sowie Ausgabegeräte wie Monitore und Drucker so aufeinander abzustimmen, dass eine konsistente Farbdarstellung der Bilder gewährleistet ist. Im Optimalfall sieht ein Bild im Druck genauso aus, wie Sie es am Monitor gesehen haben.

Ein Farbprofil beschreibt dabei das individuelle Farbverhalten eines Gerätes. So ist bei einem Druckerprofil unter anderem der druckbare Farbraum, die Tonwertzunahme, der Weißpunkt und der maximale Farbauftrag hinterlegt.

Wenn Sie in Photoshop ein Bild vom RGB-Farbraum in den CMYK-Farbraum umwandeln, bestimmt das hinterlegte Farbprofil, wie die Farben umgerechnet werden. Auch bei der Umwandlung über »Bild > Modus > CMYK« , kommt ein Farbprofil zum Einsatz, nämlich jenes, welches in den Farbeinstellungen (Menü > Bearbeiten > Farbeinstellungen) hinterlegt wurde. In den meisten Fällen ist dieses hinterlegte Farbprofil jedoch unpassend.

Wichtiger Hinweis zur Farbverbindlichkeit

Wenn Sie mit den korrekten Farbprofilen arbeiten, kann die Druckerei Ihre Bilddaten problemlos verarbeiten. Die Farbdarstellung an Ihrem Monitor stimmt jedoch nur mit dem späteren Druckergebnis überein, wenn Sie Ihren Monitor regelmäßig profilieren und/oder kalibrieren. Dazu benötigen Sie ein Farbmessgerät und Know-how im Bereich Farbmanagement. Falls Sie sich näher mit diesem Thema beschäftigen möchten, empfehle ich Ihnen den Ratgeber »PDF/X und Colormanagement« von der Firma Cleverprinting.

Bei Projekten mit sehr hohem Anspruch an eine verbindliche und einheitliche Farbdarstellung sollten Sie sich zusätzlich an einen Colormanagement-Experten wenden.

Welches Profil für Farbbilder?

Fragen Sie Ihre Druckerei, welches Farbprofil am besten zum jeweiligen Druckverfahren und dem gewählten Papiertyp passt. Bekommen Sie keine Auskunft oder ist noch unklar, bei welcher Druckerei gedruckt wird, sollten Ihre Bilddaten mit den Farbprofilen der ECI sowie der WAN-IFRA (siehe *Seite 9*) konvertiert werden. Relevant sind die folgenden Profile:

Bogenoffsetdruck, gestrichenes Papier:
ISO Coated v2 (ECI) und
ISO Coated v2 300 % (ECI) > Empfehlung*

Bogenoffsetdruck, ungestrichenes Papier:
PSO Uncoated ISO12647 (ECI)
ISO Uncoated Yellowish > für gelbliches Papier

Rollenoffsetdruck, LWC Papier:
PSO LWC Improved (ECI)

Rollenoffsetdruck, Zeitungspapier:
ISO Newspaper26v4

Welches Profil für Graustufenbilder?

Arbeiten Sie mit Graustufenbildern, erkundigen Sie sich auch hier nach dem passenden Profil. Können Sie es nicht in Erfahrung bringen, verwenden Sie die folgenden Profile:

Bogenoffsetdruck, gestrichenes Papier:
Dot Gain 15 %

Bogenoffsetdruck, ungestrichenes Papier:
Dot Gain 20 %

Rollenoffsetdruck, LWC Papier:
Dot Gain 20 %

Rollenoffsetdruck, Zeitungspapier:
ISONewspaper26v4_gr (siehe *Seite 9*)

---

* Viele Druckereien wünschen sich inzwischen Druckdaten mit dem Farbprofil ISO Coated V2 300 %. Dieses Farbprofil hat – verglichen mit dem Farbprofil ISO Coated V2 – einen geringeren Farbauftrag und kann im Druck einfacher verarbeitet werden. Optisch werden Sie den geringeren Farbauftrag in der Regel nicht wahrnehmen.

3.5 RGB-Bilder

Beinhaltet Ihr Dokument noch Bilder im RGB-Farbraum, müssen Sie diese mit Photoshop, oder beim PDF-Export, in den korrekten CMYK-Farbraum konvertieren.

Step 1: Prüfen, ob ein Profil eingebettet wurde

Damit RGB-Bilder korrekt in das passende CMYK-Profil konvertiert werden, muss das zugehörige RGB-Farbprofil eingebettet sein. Ob ein Profil eingebettet wurde, sehen Sie in Photoshop mit den Farbprofilwarnungen oder in der Statusleiste.

Farbprofilwarnungen
1 Öffnen Sie das Bild in Photoshop.
2 Wurde kein Farbprofil im Bild eingebettet, bekommen Sie eine Fehlermeldung. Vorausgesetzt Sie haben die Profilwarnungen aktiviert (siehe *Seite 22*).
3 Bestätigen Sie die Meldung mit »Beibehalten (kein Farbmanagement)«.

Statusleiste
1 Öffnen Sie das Bild in Photoshop und bestätigen Sie alle Meldungen mit »Beibehalten (kein Farbmanagement)«.
2 Unten im Bildfenster befindet sich die Statusleiste. Handelt es sich um ein Bild ohne gespeichertes Farbprofil, steht hier »RGB ohne Tags«.

Step 2: Evtl. fehlendes Profil herausfinden und zuweisen

Wurde kein Profil eingebettet, müssen Sie das passende Profil herausfinden und anschließend zuweisen.

1 Schauen Sie zunächst, ob Sie weitere Bilder des Fotografen oder der Fotoserie finden, anhand derer Sie das richtige Farbprofil ablesen können. Welches Profil jeweils eingebettet wurde, sehen Sie in der Statusleiste unterhalb des Bildmotivs.

2 Anschließend gehen Sie auf »Menü > Bearbeiten > Profil zuweisen« und aktivieren den Haken bei »Vorschau«.

3 Konnten Sie anhand weiterer Bilder des Fotografen oder der Fotoserie herausfinden, mit welchem Farbprofil das Bild angelegt wurde, stellen Sie unter »Profil« das passende Farbprofil ein.
4 Falls nicht, testen Sie nacheinander die folgenden Profile:
sRGB IEC61966-2.1, Adobe RGB, *eciRGB v2* (*finden Sie auf www.eci.org*).
Beobachten Sie, wie sich Ihr Bild verändert. Ist das Ergebnis zu flau, versuchen Sie es mit »Adobe RGB« oder »eciRGB v2«. Ist das Ergebnis zu gesättigt (knallbunt), testen Sie »sRGB IEC61966-2.1«.
5 Sind Sie mit dem Ergebnis zufrieden, bestätigen Sie mit »OK« und speichern Sie anschließend das Bild *mit eingebettetem Farbprofil* ab.

Step 3: Bilder mit eingeschaltetem Softproof bearbeiten

Speichern Sie das Bild als TIF- oder PSD-Datei ab und bearbeiten Sie es nach Ihren Wünschen (Helligkeit, Kontrast, Schärfe, Farbstiche, Hauttöne etc.).

Schalten Sie dabei unbedingt den Softproof mit dem korrekten CMYK-Farbprofil ein. Diese Funktion simuliert, wie das Bild aussieht, wenn Sie es später in den Druckfarbraum CMYK umwandeln. Verbindlich für den Druck ist das natürlich nur, sofern Sie auch über einen **kalibrierten und/oder profilierten Monitor** (siehe *Seite 46*) verfügen und die Druckerei die Vorgaben des **ProzessStandard Offsetdruck** der Fogra einhält.

1 Öffnen Sie den Softproof unter »Ansicht > Proof einrichten > Benutzerdefiniert«.
2 Wählen Sie unter »Zu simulierendes Gerät« das von der Druckerei angegebene Farbrofil (siehe *Seite 47*).
3 Die Renderpriorität (üblicherweise »Rendering Intent« genannt) ist motivabhängig. Meistens liefert die Einstellung »Relativ farbmetrisch« gute Ergebnisse. Lediglich bei hochgesättigten Motiven ist es mitunter besser, die Renderpriorität »Perzeptiv« zu wählen.
4 Aktivieren Sie die Tiefenkompensierung.
5 Ob Sie »Papierfarbe simulieren« aktivieren sollten, hängt davon ab, ob bei der Kalibrierung Ihres Monitors bereits das Papierweiß berücksichtigt wurde.

Step 4: RGB-Bilder in ein CMYK-Farbprofil umwandeln

Sind Sie mit dem Ergebnis des bearbeiteten Bildes optisch zufrieden, wandeln Sie es folgendermaßen in das passende CMYK-Farbprofil um:

1 Gehen Sie auf »Menü > Bearbeiten > In Profil umwandeln«.

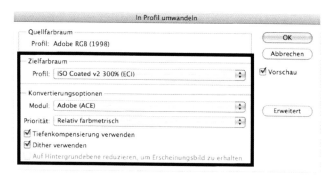

2 Passend zum jeweiligen Druckverfahren und Papiertyp wählen Sie unter »Zielfarbraum« das von der Druckerei angegebene CMYK-Farbprofil aus (siehe *Seite 47*).
3 Modul steht auf Adobe (ACE).
4 Welche Priorität (Rendering Intent) passt, hängt ganz vom Bild ab. In den meisten Fällen liegen Sie mit der Priorität »Relativ farbmetrisch« richtig. Bei Motiven mit hochgesättigten Farbtönen erzielen Sie jedoch häufig mit der Priorität »Perzeptiv« bessere Ergebnisse.
5 Haken bei »Tiefenkompensierung verwenden«.
6 Haken bei »Dither verwenden«.
7 Bestätigen Sie mit »OK«.
8 Abschließend speichern Sie das Bild unter neuem Namen *mit eingebettetem Farbprofil* als TIF-, PSD- oder JPEG-Datei (maximale Qualität) ab.

Alternative zu Step 4: CMYK-Umwandlung beim PDF-Export

Einige Workflows arbeiten inzwischen nur noch mit RGB-Bilddaten und konvertieren diese erst beim PDF-Export in das passende CMYK-Farbprofil. Wollen Sie dies ebenfalls tun, beachten Sie bitte die Farbprofilwarnungen ab *Seite 34* und die PDF-Export-Einstellungen ab *Seite 169*.

3.6 CMYK-Bilder

Liegen Ihnen Bilder im CMYK-Farbraum vor, so bedeutet dies nicht zwangsläufig, dass diese auch mit dem richtigen Farbprofil von RGB nach CMYK konvertiert wurden. Deshalb müssen Sie hier einige Punkte prüfen.

Step 1: Prüfen, ob ein Profil eingebettet wurde

Wie bei RGB-Bildern muss bei CMYK-Bildern das zugehörige Farbprofil eingebettet sein. Prüfen Sie zunächst, ob dies der Fall ist. (Vorgehensweise siehe Kapitel »RGB-Bilder« auf *Seite 48*)

Step 2: Evtl. fehlendes Profil herausfinden und zuweisen

Suchen Sie nach weiteren Bildern desselben Urhebers und prüfen Sie, welche Farbprofile dort eingebettet wurden. Anschließend weisen Sie Ihrem Bild das entsprechende Farbprofil zu (Menü > Bearbeiten > Profil zuweisen).

Alternativ können Sie auch den Urheber des Bildes kontaktieren. Erkundigen Sie sich, mit welchem Farbprofil er seine Bilder von RGB nach CMYK konvertiert hat. Weiß er darauf keine Antwort, hat er die Bilder vermutlich mit der Funktion »Bild > Modus > CMYK« umgewandelt. Dabei wird das Farbprofil verwendet, welches bei Ihm in Photoshop unter »Bearbeiten > Farbeinstellungen« hinterlegt wurde.

Sie konnten das fehlende Farbprofil nicht herausfinden?

Dann wissen Sie auch nicht, ob das Bild mit einem veralteten/falschen Farbprofil konvertiert wurde. Konvertieren Sie deshalb das Bild mit dem passenden Farbprofil (siehe Punkt 2 auf der rechten Seite) erneut nach CMYK. So können Sie sicher sein, dass das Bild auf das angewandte Druckverfahren abgestimmt ist.

1 Gehen Sie auf »Menü > Bearbeiten > In Profil umwandeln«.

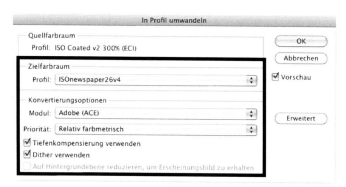

2 Passend zum jeweiligen Druckverfahren und Papiertyp wählen Sie unter »Zielfarbraum« das von der Druckerei angegebene CMYK-Farbprofil aus (siehe *Seite 47*). Im obigen Beispiel wurde das Bildmotiv in das Standardprofil für den Zeitungsdruck »ISOnewspaper26v4« umgewandelt.
3 Modul steht auf Adobe (ACE).
4 Welche Priorität (Rendering Intent) passt, hängt ganz vom Bild ab. In den meisten Fällen liegen Sie mit der Priorität »Relativ farbmetrisch« richtig. Wandeln Sie das Bild jedoch von einem größeren Farbraum in einen kleineren Farbraum um, erzielen Sie häufig mit der Priorität »Perzeptiv« bessere Ergebnisse. Dies ist etwa der Fall, wenn Sie ein Bild vom Farbraum IsoCoated V2 300 % (Bogenoffsetdruck) in den Farbraum ISOnewspaper26v4 (Zeitungsdruck) umwandeln.
5 Haken bei »Tiefenkompensierung verwenden«.
6 Haken bei »Dither verwenden«.
7 Bestätigen Sie mit »OK«.
8 Speichern Sie das Bild *mit eingebettetem Farbprofil* ab.

Achtung bei Wandlungen in den Arbeitsfarbraum »ISO Coated v2 300 % (ECI)«
Möchten Sie CMYK-Bilder ohne Farbprofil in den CMYK-Arbeitsfarbraum von Photoshop (siehe *Seite 22*) konvertieren, ist dies auf direktem Weg nicht möglich. Photoshop verwendet für Bilder ohne Farbprofil als Quellfarbraum seinen CMYK-Arbeitsfarbraum. Sind Quellfarbraum und Zielfarbraum identisch, ändert Photoshop bei einer Profilumwandlung nichts an den Farbwerten.

Konvertieren Sie das Bild deshalb zunächst »Relativ farbmetrisch« in das RGB-

Farbprofil »eciRGB v2« (siehe *Seite 9*). Anschließend konvertieren Sie das Bild in den Arbeitsfarbraum »ISO Coated v2 300 %«.

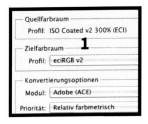 

Konvertierung nach »eciRGB v2« *Konvertierung nach »ISO Coated v2 300 %«*

Step 3: CMYK-Bilder mit falschem Profil umwandeln

Hat ein CMYK-Bild das falsche Farbprofil (siehe Folgeseiten), müssen Sie es in das korrekte Farbprofil umwandeln:

1 Gehen Sie auf »Menü > Bearbeiten > In Profil umwandeln«.

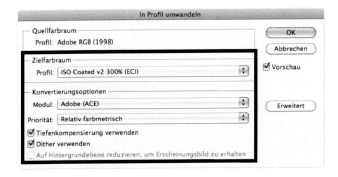

2 Passend zum jeweiligen Druckverfahren und Papiertyp wählen Sie unter »Zielfarbraum« das von der Druckerei angegebene CMYK-Farbprofil aus (siehe *Seite 47*).
3 Modul steht auf Adobe (ACE).
4 Priorität siehe Punkt 4 auf der vorherigen Seite.
5 Haken bei »Tiefenkompensierung verwenden«.
6 Haken bei »Dither verwenden«.
7 Bestätigen Sie mit »OK« und speichern Sie das Bild unter neuem Namen *mit eingebettetem Farbprofil* als TIF-, PSD- oder JPEG-Datei (maximale Qualität) ab.

Vorsicht bei Bildern mit Grafiken in reinem Schwarz/Grau
Reines Schwarz/Grau wird bei der Umwandlung in ein anderes CMYK-Profil in der Regel in »buntes Schwarz/Grau« umgewandelt. Aus C 0 | M 0 | Y 0 | K 80 wird beispielsweise C 40 | M 31 | Y 31 | K 10. »Buntes Schwarz/Grau« kann bei feinen Linien zu Passerproblemen (siehe *Seite 73*) führen. Zudem können bunt aufgebaute Grauflächen bei Farbschwankungen im Druck zu unterschiedlich farbstichigen Grautönen führen. Ob Ihr Motiv reines Schwarz/Grau enthält, können Sie herausfinden, indem Sie in Photoshop den schwarzen Farbkanal aus- und einblenden (Fenster > Kanäle).

Wann müssen CMYK-Bilder umgewandelt werden?
Wenn eine der folgenden Aussagen zutrifft, müssen Sie Ihr Bild in das von der Druckerei angegebene Farbprofil umwandeln.

Farbprofil ist nicht für das Druckverfahren und den Papiertyp geeignet
Beispiel: Liegen Ihre Bilder im Farbprofil »ISO Coated V2« vor, wird aber im Zeitungsdruck mit »ISOnewspaper26v4« gedruckt, müssen Sie Ihre Bilder in das Farbprofil »ISOnewspaper26v4« umwandeln. Andernfalls kann es zu unerwünschten Ergebnissen und Problemen im Druck kommen.

Bilder haben zu hohen Farbauftrag (Details zum Farbauftrag siehe Seite 75)
Beispiel: Haben Ihre Bilder einen höheren Farbauftrag als von der Druckerei angegeben, müssen Sie diesen reduzieren. Wandeln Sie Ihre Bilder in das richtige CMYK-Farbprofil um, wird auch der maximale Farbauftrag an die Vorgaben im Farbprofil angepasst.

Bei Bildstrecken mit ähnlicher Farbanmutung und/oder Grauwerten sollten Sie alle Bilder in das richtige Farbprofil umwandeln – auch wenn bei einzelnen Bildern der maximale Farbauftrag nicht überschritten wird. Sonst kann es zu Farbabweichungen zwischen gewandelten und nicht gewandelten Bildern kommen.

Das Farbprofil ist veraltet oder nicht für den deutschsprachigen Raum gedacht
Die folgenden Farbprofile basieren auf einem veralteten oder in Deutschland unüblichen Druckstandard und sollten nicht mehr verwendet werden:

- Euroscale Coated V2
- Euroscale Uncoated V2
- U. S. Sheetfeed Coated V2
- U. S. Sheetfeed Uncoated V2
- US Web Coated SWOP V2

Wandeln Sie Bilder mit diesen Farbprofilen in das passende Farbprofil um.

Wann können CMYK-Bilder belassen werden?

Für den Offsetdruck auf gestrichenem Papier gibt es ein paar Farbprofile, die zu relativ ähnlichen Druckergebnissen führen, da sie auf denselben Charakterisierungsdaten der Fogra beruhen. Wünscht sich die Druckerei Bilddaten in einem dieser Farbprofile, können Sie gegebenenfalls auch Bilddaten mit anderen unten gelisteten Farbprofilen abliefern. Besonders bei Motiven mit ungesättigten Farben sind die Unterschiede recht gering. Vereinzelt kann es jedoch bei gesättigten Farben zu Abweichungen im Druck kommen.

Ähnliche Farbprofile für gestrichenes Papier

Aktuelle Profile:
- ISO Coated v2 > ECI-Profil, maximaler Farbauftrag 330 %
- Coated FOGRA39 > Adobe-Profil, maximaler Farbauftrag 330 %

Vorgängerprofile:
- ISO Coated > ECI-Profil, maximaler Farbauftrag 350 %
- Coated FOGRA27 > Adobe Profil, maximaler Farbauftrag 350 %

Achtung Farbauftrag!
Die älteren FOGRA27-Profile lassen gegenüber neueren Profilen einen höheren Farbauftrag zu. Verlangt die Druckerei Bilder in »ISO Coated v2«, kann deshalb der Farbauftrag bei älteren Bildern in »ISO Coated« oder »Coated FOGRA27« stellenweise zu hoch sein. Im Zweifelsfall halten Sie bitte Rücksprache mit Ihrer Druckerei.

Step 4: Bilder bearbeiten

Speichern Sie das Bild als TIF- oder PSD-Datei ab und bearbeiten Sie es nach Ihren Wünschen (Helligkeit, Kontrast, Schärfe, Farbstiche, Hauttöne etc.).

Vorsicht ist bei Korrekturen dunkler Bildbereiche angebracht. Hier erhöht sich durch eine Kontraststeigerung gleichzeitig der Farbauftrag. Kontrollieren Sie deshalb immer den maximalen Farbauftrag Ihrer Bilder in InDesign (*Seite 75*).

3.7 Graustufen-Bilder

Passt das hinterlegte Profil nicht zum Druckverfahren, kann es auch bei Graustufenbildern zu unerwarteten Druckergebnissen kommen.

Step 1: Prüfen, ob ein Profil eingebettet wurde
Achten Sie darauf, dass bei Graustufenbildern das Profil, mit dem es von RGB/CMYK in Graustufen gewandelt wurde, eingebettet ist (Vorgehensweise siehe Kapitel »3.5 RGB-Bilder« auf Seite 48).

Step 2: Evtl. fehlendes Profil herausfinden und zuweisen
Auch bei Graustufenbildern mit fehlendem Profil prüfen Sie zunächst weitere Motive der Serie auf ein eingebettetes Profil. Alternativ kontaktieren Sie den Urheber und fragen, mit welchem Graustufenprofil er seine Bilder von RGB in Graustufen konvertiert hat. Wurden die Bilder mit der Funktion »Menü > Bild > Modus > Graustufen« umgewandelt, handelt es sich um das Profil, welches bei ihm in Photoshop unter »Menü > Bearbeiten > Farbeinstellungen« hinterlegt wurde.

Können Sie das Profil nicht in Erfahrung bringen, weisen Sie dem Graustufenbild das Profil »Dot Gain 15 %« zu. Damit liegen Sie für Bilder aus dem deutschsprachigen Raum meistens richtig.

Besteht Grund zur Annahme, dass es sich um Bildmaterial aus den USA handelt, weisen Sie dem Graustufenbild das Profil »Dot Gain 20 %« zu.

Step 3: Graustufen-Bilder mit falschem Profil umwandeln

Hat Ihr Graustufenbild das falsche Profil (siehe Folgeseite), wandeln Sie es wie folgt um:

1 Gehen Sie auf »Menü > Bearbeiten > In Profil umwandeln«.

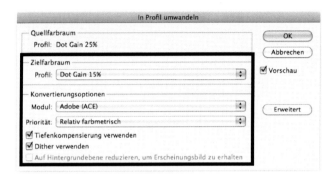

2 Passend zum jeweiligen Druckverfahren und Papiertyp wählen Sie unter »Zielfarbraum« das von der Druckerei angegebene Graustufenprofil oder ein Standardprofil aus (siehe *Seite 47*).
3 Modul steht auf Adobe (ACE).
4 Bei Priorität (Rendering Intent) wählen Sie »Relativ farbmetrisch«.
5 Haken bei »Tiefenkompensierung verwenden«.
6 Haken bei »Dither verwenden«.
7 Bestätigen Sie mit »OK« und speichern Sie das Bild unter neuem Namen *mit eingebettetem Farbprofil* als TIF-, PSD- oder JPEG-Datei (maximale Qualität) ab.

Wann müssen Graustufen-Bilder umgewandelt werden?
Bei Graustufenbildern ist es vor allem wichtig, dass die hinterlegten Tonwertzunahmen* zum Druckverfahren und Papiertyp passen. Andernfalls kann das Bild im Druck zu hell oder zu dunkel werden.

Beispiel: Ein Bild liegt im Profil »Dot Gain 15 %« vor. Bei diesem Profil ist eine Tonwertzunahme von 15 % hinterlegt. Das Profil geht folglich davon aus, dass Mitteltöne im Druck um 15 % dunkler werden und sorgt für einen entsprechenden Ausgleich im Bild.

Würde man dasselbe Bild für den Zeitungsdruck verwenden (Tonwertzunahmen von ca. 26 %), wäre das Druckergebnis zu dunkel. Folglich müssen Sie das Bild in das passende Profil für den Zeitungsdruck umwandeln.

Fragen Sie Ihre Druckerei nach dem passenden Profil. Erhalten Sie keine näheren Angaben, verwenden Sie eines der Profile auf Seite 47.

---

* Technisch bedingt werden Tonwerte im Druckprozess dunkler, als sie im digitalen Bild angelegt wurden. Diesen Effekt nennt man Tonwertzunahme bzw. Punktzuwachs.

3.8 Vektorgrafiken

Zusammengestückelte Vektorgrafiken gelten in vielen Agenturen als schlechter Stil und sollten mit dem Pathfinder verrechnet werden. Verwenden Sie für Vektorgrafiken das Programm Illustrator. Dieses bietet Ihnen bei der Pfadbearbeitung deutlich mehr Funktionen als InDesign.

Überlappende Flächen mit dem Pathfinder verrechnen

Gleichfarbige Flächen, die sich überlappen, sollten Sie mit dem Pathfinder zu einer zusammenhängenden Fläche verrechnen. Diese lassen sich einfacher umfärben und bei Bedarf mit einer Kontur versehen.

Bei Ikons und Logos, die häufig verwendet werden, wandeln Sie zusätzlich Linien in Flächen um. Muss die Grafik in Illustrator vergrößert oder verkleinert werden, könnte es sonst passieren, dass – je nach Einstellung – die Linienstärke nicht mitskaliert wird.

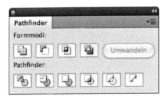

Umwandlung eines Ikons mit dem Programm Illustrator:
1 Ausgangsobjekt ist ein Ikon, bestehend aus zwei Linienelementen.

2 Die Linienelemente werden mit gedrückter »Shift-Taste« markiert und unter »Menü > Objekt > Umwandeln« in Flächen umgewandelt.

3 Im Anschluss werden beide Flächen mit dem Pathfinder in eine zusammenhängende Fläche umgewandelt. Dafür öffnen Sie unter »Menü > Fenster« den Pathfinder. Markieren Sie beide Flächen und klicken Sie auf den ersten Formmodi »Vereinen«.

3.9 Farbfelder

Im Fenster Farbfelder (Menü > Fenster > Farbe) können Sie Farbtöne hinzufügen, ändern und löschen. Änderungen wirken sich dabei direkt auf eingefärbte Inhalte im Layout aus.

Nicht verwendete Farbfelder löschen

Löschen Sie alle nicht verwendeten Farben in der Farbpalette, damit Sie nicht unnötig viele Farbfelder prüfen müssen.

1 Öffnen Sie die Farbfelder (Menü > Fenster > Farbe).
2 Klicken Sie auf den Pfeil in der rechten oberen Ecke und dort auf »Alle nicht verwendeten auswählen«. Daraufhin werden alle nicht verwendeten Farben markiert.
3 Löschen Sie diese markierten Farben anschließend mit dem Papierkorbsymbol unten rechts.

Unbenannte Farben hinzufügen

In InDesign ist es möglich, dass Farben nicht in der Farbpalette angezeigt werden, obwohl sie im Dokument verwendet werden. Deshalb lassen sich auch unbenannte Farben in den Farbfeldern darstellen.

1 Öffnen Sie die Farbfelder (Menü > Fenster > Farbe).
2 Klicken Sie auf den Pfeil in der rechten oberen Ecke und dort auf »Unbenannte

Farben hinzufügen«. InDesign fügt jetzt automatisch alle verwendeten Farben im Dokument zu den Farbfeldern hinzu.

Ähnliche Farben vereinheitlichen

Wurden in Ihrem Dokument Farbfelder verwendet, die zwar unterschiedlich benannt wurden, aber dieselben Farbwerte aufweisen, ist es übersichtlicher, wenn Sie diese in ein Farbfeld zusammenführen. Auch wenn versehentlich mehrere Farben mit sehr ähnlichen Farbwerten verwendet wurden, vereinheitlichen Sie diese besser.

1 Öffnen Sie die Farbfelder (Menü > Fenster > Farbe).
2 Markieren Sie mit gedrückter »Steuerungstaste« die falschen Farbfelder und klicken Sie auf das Papierkorbsymbol unten rechts im Farbfelder-Fenster.
3 Im folgenden Dialogfeld wählen Sie das richtige Farbfeld unter »Definiertes Farbfeld« aus und bestätigen mit »OK«. Jetzt werden die falschen Farbfelder durch das richtige Farbfeld ersetzt und die Farben im Dokument automatisch angepasst.

Farbfelder auf RGB-Farben prüfen

Ein InDesign-Dokument kann Farbfelder sowohl in CMYK als auch in RGB enthalten. Farbfelder in RGB erkennen Sie an dem gestreiften Symbol hinter dem Farbnamen. Per Doppelklick auf das jeweilige Farbfeld können Sie den Farbmodus auf CMYK umstellen. Alternativ löschen Sie die Farbe und ersetzen diese mit dem korrekten Farbfeld.

Dokument auf »Passermarken-Schwarz« prüfen

Sowohl in InDesign als auch in Illustrator gibt es das Farbfeld »[Passermarken]«. Es besteht aus 100 % Cyan, 100 % Magenta, 100 % Gelb und 100 % Key (Schwarz). Achten Sie unbedingt darauf, dass dieses Schwarz nicht in Ihrem Layout verwendet wird.

Ausnahme: Damit Schneidemarken, Falzmarken und Passermarken auf allen Farbauszügen zu sehen sind, verwendet man für diese das Farbfeld »[Passermarken]«.

Sonderfarben-Farbfeld korrekt anlegen

Erzeugen Sie eine Sonderfarbe – beispielsweise von HKS oder Pantone – immer mit der programminternen Farbbibliothek. Nur so hat sie in allen Adobe-Programmen dieselbe Bezeichnung und die hinterlegten Farbwerte (für CMYK-Umwandlung und korrekte Darstellung am Monitor) sind einheitlich. Wählen Sie einen anderen Weg, kann es passieren, dass sich im Druck-PDF von einer Sonderfarbe mehrere Varianten mit ähnlicher Bezeichnung befinden. Dabei erzeugt jede Variante einen eigenen Farbkanal. In InDesign können Sie die Sonderfarbe direkt in den Optionen des jeweiligen Farbfeldes einstellen:

1 Öffnen Sie die Farbfelder (Menü > Fenster > Farbe).
2 Klicken Sie auf den »Pfeil rechts oben« und erstellen Sie ein »Neues Farbfeld«.

3 Unter dem Punkt »Farbmodus« wählen Sie anschließend die gewünschte Sonderfarbe aus und bestätigen mit »OK«. Nun erscheint die gewählte Sonderfarbe im Fenster »Farbfelder«. Ein kleiner Kreis neben dem Farbnamen zeigt, dass es sich um eine Sonderfarbe handelt.

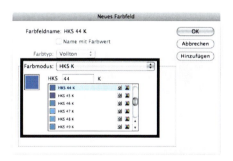 

4 Möchten Sie eine bestehende Farbe in eine Sonderfarbe umwandeln, klicken Sie doppelt auf das jeweilige Farbfeld und stellen Sie im Punkt »Farbmodus« die Sonderfarbe ein.

Prüfen, ob Sonderfarbe korrekt zugewiesen wurde

Ob für Grafikelemente mit Sonderfarbe auch wirklich die Sonderfarbe verwendete wurde, sehen Sie am schnellsten, indem Sie den entsprechenden Farbkanal ein- und ausblenden.

1 Öffnen Sie die Separationsvorschau unter »Menü > Fenster > Ausgabe«.
2 Aktivieren Sie im Separationsvorschau-Fenster unter »Ansicht« den Punkt »Separationen«.
3 Klicken Sie auf die Sonderfarbe und blenden Sie diese abwechselnd ein und aus.

Farbwerte auf Richtigkeit prüfen (CD-Vorgaben beachten)

Gibt es ein Corporate-Design-Manual, schauen Sie nach, ob die Werte der angelegten Hausfarben stimmen. Alternativ orientieren Sie sich an alten Dokumenten.

Tiefschwarz bei Bedarf anlegen

Schwarze Flächen, die nur aus 100 % Schwarz bestehen, können mitunter etwas flau wirken. Möchten Sie ein satteres Schwarz erreichen, legen Sie ein neues Farbfeld mit 100 % Schwarz und 60 % Cyan an.

3.10 Linien

Wie sauber eine Linie abgedruckt wird, hängt von ihrer Farbzusammensetzung, dem verwendeten Druckverfahren und Druckraster ab.

Linien im Bogenoffsetdruck

Bei den folgenden Angaben handelt es sich um Erfahrungswerte für den Bogenoffsetdruck. **Für andere Druckverfahren wie Zeitungsdruck, Rollenoffsetdruck und Tiefdruck sowie bei Veredelungen (Prägung, Spotlack etc.) gelten andere Werte und Empfehlungen.** Bitte kontaktieren Sie diesbezüglich den Druckdienstleister.

Linienstärken prüfen

Wenn Sie die folgenden Mindeststärken unterschreiten, kann das zu unerwünschten Druckergebnissen führen.

Positive Linien mindestens 0,25 pt (0,09 mm)
Negative Linien mindestens 0,5 pt (0,18 mm)

Helle Linien/Schriften

Beträgt bei einer Linie/Schrift keiner der Farbkanäle Cyan, Magenta oder Schwarz 100 %, wird diese bei groben Druckrastern fransig. Dieses Phänomen nennt man Sägezahneffekt. Drucktechnisch können Sie das Ergebnis folgendermaßen verbessern:

- *Mit feinem Raster drucken (80er-Raster oder höher)*
  Je feiner das Druckraster, desto weniger sieht man den Sägezahneffekt.

- *Mit FM-Raster (frequenzmodulierter Raster) drucken*
  Linien/Schriften werden in sehr feine, zufällig verstreute Punkte unterteilt. Dadurch erzielt man im Druck ein besseres Ergebnis als mit einem autotypischen 80er Raster.

- *Mit Sonderfarbe drucken*
  Falls Sie viele helle und gleichfarbige Elemente verwenden, drucken Sie diese am besten mit einer Sonderfarbe. Die Sonderfarbe muss nicht gerastert werden

und führt auch bei feinen Linien und kleinen Texten zu einem randscharfen Druckergebnis.

Beispielanwendung:
Karierte/Linierte Blöcke und AGBs auf der Rückseite eines Briefbogens.

Weshalb kommt es zum Sägezahneffekt?
Die Farben Cyan, Magenta, Gelb und Schwarz können im Offsetdruck nur in reiner Form (100 %) auf das Papier gebracht werden. Möchte man Tonwertstufen drucken, bedient man sich einer optischen Täuschung.

Dabei wird die Fläche/Linie in kleine Rasterpunkte zerlegt. Diese haben denselben Abstand zueinander. Über die Größe der Punkte wird die Helligkeit der Linie/Fläche gesteuert. Je kleiner die Punkte, desto heller die Fläche. Je größer die Punkte, desto dunkler die Fläche. Dieses Verfahren nennt man autotypische Rasterung (AM-Raster).

Rasterpunkte, die über die Grenze der Linie hinausragen, werden dabei angeschnitten. Daraus resultieren fransige Kanten (Sägezahneffekt).

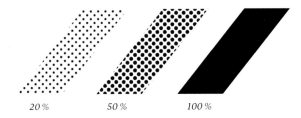

Stark vergrößerte Darstellung von Linien mit unterschiedlichen Tonwerten

3.11 Überdrucken und Aussparen

Früher oder später werden Sie in diesem Buch über die Begriffe Überdrucken und Aussparen stolpern. Worum es sich dabei handelt, erfahren Sie im folgenden Abschnitt.

Überdrucken

Was ist Überdrucken?
Wird beispielsweise ein schwarzer Buchstabe direkt auf eine blaue Fläche gedruckt, spricht man von Überdrucken. Dabei werden die beiden Farben Schwarz und Blau gemischt.

Überdrucken in InDesign
Standardmäßig überdrucken in InDesign nur Texte und Objekte, die mit dem vordefinierten Farbfeld »[Schwarz]« in 100 % eingefärbt wurden.

Wenn Sie möchten, dass auch andere Farben überdrucken, gehen Sie folgendermaßen vor:

1 Öffnen Sie unter »Menü > Fenster > Ausgabe« das Fenster »Attribute«.
2 Markieren Sie den gewünschen Text oder wählen Sie das Objekt aus.
3 Klicken Sie im Attribute-Fenster auf »Fläche überdrucken« oder »Kontur überdrucken«.

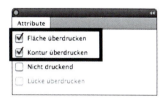

Aussparen

Was ist Aussparen?

Möchte man vermeiden, dass sich zwei Farben mischen, muss das obere Element das untere Element aussparen.

Aussparen in InDesign

Jedes neue Farbfeld, dass Sie in InDesign anlegen, steht automatisch auf Aussparen. Das ist auch sinnvoll, denn sonst wäre eine gelbe Grafik auf einer blauen Fläche plötzlich grün.

Sollten sich Farben mischen, obwohl dies nicht gewünscht ist, markieren Sie das fehlerhafte Objekt und prüfen Sie im Fenster »Attribute«, ob es auf Überdrucken steht. Ist dies nicht der Fall, prüfen Sie unter »Menü > Fenster > Effekte«, ob das Objekt, die Kontur oder die Fläche auf »Multiplizieren« steht. Falls ja, wählen Sie den Effekt »Normal«.

3.12 Separationsvorschau

Mit der Separationsvorschau kontrollieren Sie, ob grafische Elemente in Ihrem Layout überdrucken oder aussparen und wie diese farblich aufgebaut sind.

Weiße Elemente dürfen NICHT überdrucken

Im Gegensatz zu neuen InDesign-Dokumenten können Illustrator-Dokumente (EPS- oder AI-Dateien) weiße Elemente enthalten, die auf Überdrucken stehen. Dies birgt ein großes Risiko. Steht ein weißes Element auf Überdrucken, vermischt es sich mit der darunterliegenden Fläche und verschwindet.

Falls Sie mit InDesign CS4 oder neueren Versionen arbeiten, können Sie diese Elemente mit dem integrierten Preflight ausfindig machen. Falls nicht, müssen Sie alle verknüpften EPS- und AI-Dateien manuell prüfen:

1 Öffnen Sie das EPS- oder AI-Dokument in Illustrator.
2 Aktivieren und deaktivieren Sie abwechselnd die Überdruckenvorschau (Menü > Ansicht > Überdruckenvorschau | Shortcut Mac: »cmd + Alt + Shift + y« | Shortcut Windows: »Strg + Alt + Shift + y«).
3 Verschwindet ein weißes Element bei aktivierter Überdruckenvorschau, steht es auf Überdrucken.
4 Markieren Sie das entsprechende Element und öffnen Sie die »Attribute« unter »Menü > Fenster«.
5 Deaktivieren Sie den Haken bei »Fläche überdrucken« bzw. »Kontur überdrucken«.

Feine schwarze Elemente auf farbigem Grund überdrucken

Feine schwarze Elemente auf einer farbigen Fläche sollten auf Überdrucken stehen. Wird der Schwarzkanal leicht versetzt gedruckt, kann es sonst passieren, dass die darunterliegende (ausgesparte) weiße Fläche sichtbar wird. Diese weißen Stellen werden auch »Blitzer« genannt.

Falsch: Der Buchstabe »A« spart den blauen Untergrund aus (links).
Bei Druckschwankungen kann es zu Blitzern kommen (rechts).

Richtig: Der Buchstabe »A« überdruckt den blauen Untergrund (links).
Blitzer können bei Druckschwankungen nicht mehr entstehen (rechts).

Ob schwarze Objekte überdrucken, prüfen Sie mit der Separationsvorschau:

1 Öffnen Sie die Separationsvorschau (Menü > Fenster > Ausgabe) und wählen Sie unter Ansicht den Punkt »Separationen«.
2 Klicken Sie auf den Schwarzkanal und blenden Sie ihn abwechselnd ein und aus. Flächen unter den schwarzen Texten/Elementen dürfen nicht ausgespart werden.

Wie Sie Farben auf Überdrucken stellen, erfahren Sie ab *Seite 89.*

Feine schwarze Elemente bestehen aus reinem Schwarz

Grafiken mit feinen schwarzen Elementen, die aus allen 4 Farbkanälen aufgebaut sind, werden Ihnen in der Praxis regelmäßig begegnen. Häufig handelt es sich um Baupläne, technische Zeichnungen, Grafiken aus Office-Dokumenten oder fehlerhaft angelegte Illustrator-Dokumente.

Die Problematik solcher Grafiken ist folgende: Eine schwarze Linie, die bunt aufgebaut ist, besteht im Grunde genommen aus 4 Linien, jeweils mit der Farbe Cyan, Magenta, Gelb und Schwarz. Diese werden bei der Produktion deckungsgleich übereinander gedruckt. Kommt es im Druckverlauf zu leichten Verschiebungen (Passerungenauigkeiten), kann es passieren, dass die Linien nicht mehr exakt übereinander liegen. Das Ergebnis sehen sie im folgenden Beispiel:

Eine bunt aufgebaute schwarze Linie

Bei Druckverschiebungen können bunte Bestandteile der Linie sichtbar werden

So erkennen Sie buntes Schwarz:

1 Öffnen Sie die Separationsvorschau (Menü > Fenster > Ausgabe) und wählen Sie unter »Ansicht« den Punkt »Separationen«.
2 Klicken Sie auf den Schwarzkanal und blenden Sie ihn aus. Schwarze Objekte, die trotz des ausgeblendeten schwarzen Farbkanals noch sichtbar bleiben, sind bunt aufgebaut. Wandeln Sie diese Objekte in reines Schwarz um.

Überdrucken von Sonderfarben (z. B. Gold) absprechen

Möchten Sie schwarzen Text oder schwarze Elemente auf eine Sonderfarben-Fläche drucken, müssen Sie mit der ausführenden Druckerei abklären, ob Schwarz die Sonderfarbe überdrucken oder aussparen soll. Da diese Entscheidung in der Praxis von vielen drucktechnischen Parametern abhängig ist, sollten Sie diesbezüglich immer mit Ihrem Druckdienstleister Rücksprache halten.

Veredelungen und Stanzformen stehen auf Überdrucken
(Details zu Veredelungen und Stanzformen siehe ab Seite 88)

Mit der Separationsvorschau können Sie überprüfen, ob Veredelungen oder Stanzformen als Sonderfarbe angelegt wurden und den Untergrund überdrucken.

1 Öffnen Sie die Separationsvorschau (Menü > Fenster > Ausgabe) und wählen Sie unter »Ansicht« den Punkt »Separationen«.
2 Wurde die Veredelung/Stanzform mit einer Sonderfarbe angelegt, erscheint hier ein neuer Farbkanal mit der Bezeichnung der Sonderfarbe. Klicken Sie auf diesen Farbkanal und blenden Sie ihn abwechselnd ein und aus. Flächen unter der Veredelung/Stanzform dürfen nicht ausgespart werden.

Wie Sie Farben auf Überdrucken stellen, erfahren Sie auf *Seite 89*.

Maximalen Farbauftrag prüfen

Der maximale Farbauftrag unterscheidet sich je nach Druckverfahren, Druckmaschine und verwendetem Papiertyp. Deshalb müssen Sie diesen vorab bei Ihrer Druckerei erfragen (weitere wichtige Fragen an Ihre Druckerei siehe ab *Seite 29*).

Beachten Sie, dass bei Overnight- und Expresslieferungen häufig nur ein verringerter Farbauftrag möglich ist. Ein verringerter Farbauftrag ermöglicht kurze Trocknungszeiten und damit eine zügige Weiterverarbeitung der Drucksache. Halten Sie diesbezüglich Rücksprache mit Ihrer Druckerei.

In InDesign können Sie sich einen zu hohen Farbauftrag anzeigen lassen:

1 Öffnen Sie die Separationsvorschau (Menü > Fenster > Ausgabe) und wählen Sie unter »Ansicht« den Punkt »Farbauftrag«.
2 Im Prozentwertfeld geben Sie den maximalen Farbauftrag ein, welchen Ihnen Ihre Druckerei genannt hat.
3 Texte, Grafiken und Bilder, die einen höheren Farbauftrag aufweisen, werden auf der Seite farblich hervorgehoben.

Worum handelt es sich beim maximalen Farbauftrag?
Bei farbigen Bildmotiven werden dunkle Bildstellen in der Regel aus den 4 Farbkanälen Cyan, Magenta, Gelb und Schwarz aufgebaut. Jeder Farbkanal kann 0–100 % betragen. In der Theorie würde der dunkelste Punkt aus den folgenden Werten bestehen:

100 % Cyan
100 % Magenta
100 % Gelb
100 % Schwarz

Eine Bildstelle mit diesen Farbwerten hat einen Gesamtfarbauftrag von 400 %.

Im Offsetdruck führt ein Farbauftrag von 400 % jedoch zu übermäßig langen Trocknungszeiten. Auch können dünne und ungestrichene Papiere nur eine gewisse Menge an Farbe aufnehmen, ehe die Farbe bis zur Rückseite durchschlägt. Deshalb geben Druckereien den maximalen Farbauftrag für das jeweilige Druckverfahren in der Regel vor.

… Technische Grundlagen

3.13 Reduzierungsvorschau für Transparenzen

Transparenzen sorgen gelegentlich für Darstellungsfehler im Druck. Mit der Reduzierungsvorschau können Sie potentielle Fehlerquellen rechtzeitig erkennen.

Reduzierungsvorschau anwenden
Bei den PDF-Standards PDF X3 und PDF X1a müssen Transparenzen während dem PDF-Export reduziert werden. Liegt ein transparentes Objekt vor einem Text, kann es passieren, dass Teile des Textes beim PDF-Export in Pfade umgewandelt werden. Diese können sich im gedruckten Zustand vom normalen Text unterscheiden.

Weit hinten, hinter den Wortbergen, fern der Länder Vokalien und Konsonantien leben die Blindtexte. Abgeschieden wohnen sie in Buchstabhausen an der Küste des Semantik, eines großen Sprachozeans. Ein kleines Bächlein namens Duden fließt durch ihren Ort und versorgt sie

Ein Pfeil mit Schlagschatten (Transparenzen) liegt vor einem Text. Deshalb wird der rot markierte Text in Pfade umgewandelt.

Das Problem lässt sich lösen, indem Sie das transparente Objekt hinter den Text legen.

Ob auf einer Layoutseite Texte in Pfade umgewandelt werden, können Sie folgendermaßen überprüfen:

1 Öffnen Sie die Reduzierungsvorschau (Menü > Fenster > Ausgabe).
2 Unter »Markieren« wählen Sie »In Pfade umgewandelter Text«.
3 Setzen Sie jeweils einen Haken bei »Autom. aktualisieren« und »Abweichungen für Druckbögen ignorieren«.
4 Texte, die InDesign beim PDF-Export mit Transparenzreduzierung in Pfade umwandelt, werden jetzt rot markiert.
5 Falls Sie rot markierte Stellen entdecken, legen Sie das transparente Objekt hinter den Text.

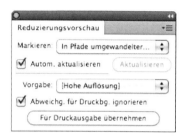

Transparenzfüllfarbraum einstellen

Je nach gewählter PDF-Version werden Transparenzen beim PDF-Export reduziert (siehe *Seite 29*). Ist dies der Fall und wurde Ihr InDesign-Dokument versehentlich im Transparenzfüllraum RGB angelegt, werden alle Seiten mit Transparenzen bei der PDF-Ausgabe in RGB umgewandelt. Deshalb muss der Transparenzfüllraum CMYK sein. Wählen Sie »Menü > Bearbeiten > Transparenzfüllraum > Dokument-CMYK«.

3.14 Rand und Beschnitt

Da es beim Beschnitt der Druckbögen zu Ungenauigkeiten kommen kann, müssen Sie auf einen Mindestabstand zum Seitenrand und eine korrekt angelegte Beschnittzugabe achten.

Mindestabstand von Grafiken/Texten zum Seitenrand: 4 mm
Legen Sie Grafiken und Texte mit einem Mindestabstand von 4 mm zum Seitenrand an. Es sei denn, es handelt sich um Objekte, die bewusst im Beschnitt stehen.

Beschnittzugabe bei randabfallenden Objekten
Im Kapitel »3.1 Dokument« auf *Seite 35* haben Sie bereits die Hilfslinien für die Beschnittzugabe angelegt. Nun müssen Sie kontrollieren, ob randabfallende Objekte auch wirklich bis zu den Beschnittlinien reichen. Wechseln Sie dazu in den Bildschirmmodus »Normal« unter »Menü > Ansicht«. Shortcut ist die Taste »w«.

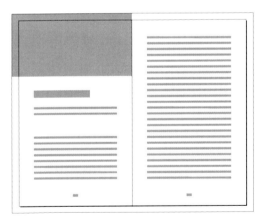

Im Bildschirmmodus »Normal« sehen Sie Hilfslinien für den Beschnitt

3.15 Verborgene Elemente

Wenn Sie nur für die Reinzeichnung zuständig sind und das Layout von einem anderen Mitarbeiter erstellt wurde, sollten Sie unbedingt prüfen, ob versehentlich wichtige Inhalte ausgeblendet wurden.

Alle Textfenster vollständig aufziehen

Passt ein Text nicht in den zugehörigen Textrahmen, wird er ausgeblendet. Dieser Text wird auch Übersatztext genannt. In InDesign erscheint dann ein kleines rotes Kreuz in der rechten unteren Ecke des Rahmens.

InDesign erkennt Übersatztext automatisch beim PDF-Export und erzeugt eine Warnmeldung. Textrahmen können Sie mit dem Shortcut »alt + cmd + c« (Windows: »alt + Strg + c«) an den Inhalt anpassen.

Ebenenfenster prüfen

Prüfen Sie, ob versehentlich Ebenen mit wichtigen Inhalten ausgeblendet wurden. Kommen im Dokument Veredelungen oder Stanzformen zum Einsatz, können Sie für diese Inhalte eine neue Ebene anlegen. Das ist keine Pflicht, wird Ihnen aber die Arbeit erleichtern.

3.16 Überfüllung und Unterfüllung (Trapping)

Grenzen im Druck zwei Farbflächen aneinander, welche mit unterschiedlichen Druckplatten gedruckt werden, kann bei Ungenauigkeiten im Druck das Papierweiß zum Vorschein kommen. Im Druckerjargon wird dieser Effekt »Blitzer« genannt. Mithilfe von Überfüllungen und Unterfüllungen kann man das verhindern.

Um Blitzer zu vermeiden macht die Druckerei Folgendes: Liegt ein helles Objekt auf einem dunklen Hintergrund, wird das helle Objekt mit einer feinen Kontur versehen. Diese überlappt und überdruckt den Untergrund. Das nennt man **Überfüllen**.

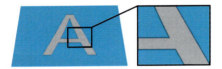

Überfüllen: Der Buchstabe »A« wird mit einer Kontur versehen.

Liegt ein dunkles Objekt auf einer hellen Fläche, wird der ausgesparte Untergrund um eine feine Kontur erweitert. Dies nennt man **Unterfüllen**.

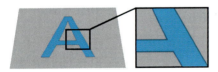

Unterfüllen: Die graue Fläche wird nach innen erweitert.

Wichtig
Überlassen Sie Über- und Unterfüllungen der Druckerei. Die richtige Einstellung ist von vielen individuellen Druckparametern abhängig. Lassen Sie die Voreinstellungen von InDesign deshalb bitte unangetastet.

3.17 Nur im Notfall: Schriften in Pfade umwandeln

Gelegentlich fordern Druckdienstleister, dass Sie alle Schriften in Pfade umwandeln. Da hierbei wichtige Schriftinformationen verloren gehen, sollten Sie – wenn möglich – darauf verzichten (Ausnahme: Schneideplott siehe ab Seite 110). Lässt es sich nicht vermeiden, wandeln Sie Schriften folgendermaßen in Pfade um:

Methode 1: Text im Dokument in Pfade umwandeln

Diese Methode ist bei wenig umfangreichen Dokumenten schnell erledigt. Sie hat allerdings auch enorme Nachteile: Wandeln Sie Textrahmen manuell in Pfade um, verschwinden Formatierungen wie Absatzlinien, Hinterlegungen und Aufzählungszeichen. Spätere Textkorrekturen sind nicht mehr möglich. Sie benötigen also immer zwei Dokumente.

1 Dokument duplizieren (Sicherungskopie für spätere Textkorrekturen und Neuauflagen).
2 Textrahmen auswählen.
3 »Menü > Schrift > In Pfade umwandeln«.

Methode 2: Text beim PDF-Export in Pfade umwandeln

Bei dieser Methode werden Texte erst beim PDF-Export im Zuge der Transparenzreduzierung in Pfade umgewandelt. Dadurch bleibt das InDesign-Dokument unangetastet und die Texte bearbeitbar. Im Gegensatz zur Methode 1 werden Formatierungen wie Absatzlinien, Hinterlegungen und Aufzählungszeichen korrekt umgerechnet.

Wichtig: Diese Methode funktioniert nicht beim Druckstandard PDF/X-4. Hier werden Transparenzen nicht reduziert. Deshalb ist der Punkt »Transparenzreduzierung« beim PDF-Export deaktiviert.

1 Zunächst müssen Sie eine neue Transparenzreduzierungsvorgabe erstellen, die Schriften in Pfade umwandelt. Klicken Sie unter »Menü > Bearbeiten > Transparenzreduzierungsvorgaben« auf »Neu«.

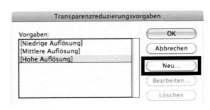

2 Im sich öffnenden Fenster wählen Sie die folgenden Einstellungen:
Pixelbild-Vektor-Abgleich: 100
Auflösung für Strichgrafiken und Text: 1200 ppi
Auflösung von Verlauf und Gitter: 300
Texte in Pfade umwandeln: aktiviert
Konturen in Pfade umwandeln: aktiviert

Anschließend vergeben Sie einen prägnanten Namen wie z. B. »Schriften in Pfade > Hohe Auflösung« und bestätigen mit »OK«. Jetzt haben Sie eine neue Transparenzreduzierungsvorgabe erstellt, die Sie beim PDF-Export auswählen können.

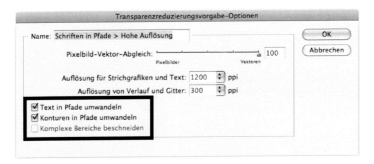

3 Diese Transparenzreduzierungsvorgabe kann jedoch nur auf solchen Seiten Schriften in Pfade umwandeln, die Transparenzen enthalten. Deshalb muss jede Seite ein transparentes Objekt enthalten. Dazu platzieren Sie ein kleines weißes Quadrat auf der Seite und setzen die Deckkraft des Quadrats unter »Fenster > Effekte« auf 0 %. Wenn Ihr Dokument viele Seiten enthält, platzieren Sie das Quadrat auf der Musterseite bzw. den Musterseiten.

4 Im »Seiten-Fenster« können Sie an einem kleinen Symbol erkennen, ob Ihre Seiten Transparenzen enthalten.

5 Wenn Sie nach abgeschlossener Reinzeichnung das Dokument als Druck-PDF exportieren, können Sie nun alle Texte in Pfade umwandeln. Dazu wählen Sie unter dem Punkt »Erweitert« Ihre Transparenzreduzierungsvorgabe aus und setzen einen Haken bei »Abweichende Einstellungen auf Druckbögen ignorieren«.

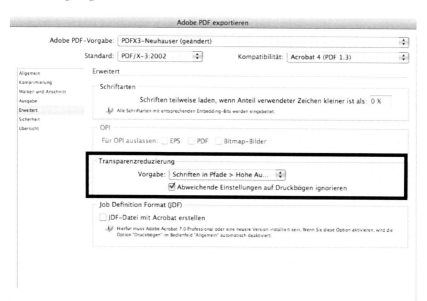

Umgewandelter Text im PDF überprüfen

Ob in Ihrem PDF alle Schriften in Pfade umgewandelt wurden, können Sie mit dem Programm Adobe Acrobat herausfinden. Öffnen Sie das PDF und wählen Sie die Dokumenteigenschaften unter »Menü > Datei > Eigenschaften«. Werden unter dem Punkt »Schriften« keine Schriften mehr aufgelistet, war die Umwandlung erfolgreich.

Was tun, wenn die Schriften nicht umgwandelt wurden?
Gelingt Ihnen die Schriftenumwandlung trotz aller zuvor beschriebenen Einstellungen nicht, versuchen Sie Folgendes:

Markieren Sie in InDesign alle Seiten im Seitenfenster (Menü > Fenster > Seiten). Dazu klicken Sie auf die erste Seite im Dokument, scrollen anschließend zur letzten Seite im Dokument und klicken auf diese mit gedrückter Shift-Taste.

Danach öffnen Sie das Menü rechts oben im Seitenfenster und wählen unter Druckbogenreduzierung »Benutzerdefiniert«. Nehmen Sie hier dieselben Einstellungen vor, wie sie auf den vorherigen Seiten angegeben sind. Jetzt ist auf allen Seiten die korrekte Transparenzreduzierung hinterlegt.

Wichtig: Falls Sie sich für diesen Weg entscheiden, dürfen Sie beim PDF-Export unter »Erweitert« kein Häkchen bei »Abweichende Einstellungen auf Druckbögen ignorieren« setzen!

3.18 Kontrolle mit Preflight

Haben Sie die InDesign-Funktion »Preflight« wie auf Seite 13 konfiguriert, können Sie wichtige Abschnitte dieses Buches automatisch kontrollieren.

1 Öffnen Sie die Preflight-Funktion unter »Fenster > Ausgabe«.
2 Setzen Sie einen Haken bei »Ein«.
3 Wählen Sie Ihr erstelltes Preflight-Profil aus.
4 Korrigieren Sie auftretende Fehlermeldungen. Per Doppelklick springt InDesign zur entsprechenden Stelle im Dokument.

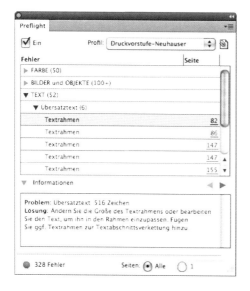

Der InDesign-Preflight ist als alleiniges Prüftool jedoch nicht ausreichend. **Prüfen Sie das fertige PDF immer zusätzlich mit dem Acrobat-Preflight.** Hier stehen Ihnen deutlich mehr Prüffunktionen zur Verfügung.

Technische Spezialfälle

Ergänzend zu den »technischen Grundlagen« wird in diesem Kapitel beschrieben, was Sie bei technischen Spezialfällen zusätzlich beachten müssen.

4.1 Veredelungen

Beinhaltet Ihr Dokument Veredelungen wie Prägungen oder partielle Lackierungen, legen Sie diese bitte wie folgt an.

Step 1: Volltonfarbe (Sonderfarbe) für Veredelung anlegen

Damit die Druckerei Veredelungen unabhängig von 4-farbigen Elementen ansteuern kann, müssen Sie diese in einer Sonderfarbe anlegen.

1 Öffnen Sie das Farbfelder-Fenster (Menü > Fenster > Farbe > Farbfelder).
2 Klicken Sie in der rechten oberen Ecke auf die »Optionen« und erstellen Sie ein neues Farbfeld.
3 Wählen Sie einen aussagekräftigen Farbfeldnamen wie Spotlack, UV-Lack, Prägung etc.
4 Als Farbtyp wählen Sie »Vollton«, als Farbmodus »CMYK«.
5 Die Farbzusammensetzung können Sie frei bestimmen. Sie sollte sich jedoch von den restlichen Farben im Layout abheben, damit die Veredelung als solche erkennbar ist.

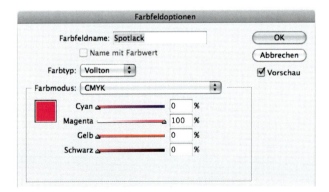

6 Nachdem Sie mit »OK« bestätigt haben, erscheint Ihr Farbfeld im Farbfelder-Fenster. Haben Sie es korrekt angelegt, wird rechts neben dem Farbnamen das Symbol für Volltonfarben (◉) angezeigt.

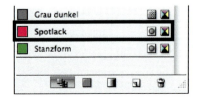

Step 2: Veredelung auf neuer Ebene anlegen

Möchten Sie Texte oder Vektorgrafiken partiell mit einer Veredelung versehen, gehen Sie wie folgt vor:

1 Erstellen Sie eine neue Ebene für Veredelungen (Menü > Fenster > Ebenen).
2 Markieren Sie das zu veredelnde Objekt und kopieren Sie dieses in die Zwischenablage (Menü > Bearbeiten > Kopieren).
3 Klicken Sie auf die Ebene für Veredelungen und fügen Sie das kopierte Objekt an der Originalposition ein (Menü > Bearbeiten > An Originalposition einfügen).

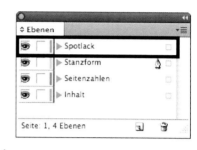

4 Färben Sie das duplizierte Objekt mit der zuvor angelegten Sonderfarbe ein. Achten Sie darauf, dass der Tonwert 100 % aufweist. Anschließend stellen Sie das Objekt auf Überdrucken (siehe Step 3).

Minimale Strichstärke und Schriftgröße berücksichtigen
Erkundigen Sie sich bei der Druckerei nach der minimalen Strichstärke und Schriftgröße für die entsprechende Veredelung. Häufig können Veredelungen nicht so fein umgesetzt werden, wie gedruckte Elemente.

Step 3: Veredelung auf Überdrucken stellen

Veredelungen müssen immer auf Überdrucken stehen, da sie andernfalls das darunterliegende Druckbild aussparen (siehe *Seite 70*).

1 Öffnen Sie das Attribute-Fenster (Menü > Fenster > Ausgabe > Attribute).
2 Markieren Sie die Veredelung und setzen Sie im Attribute-Fenster einen Haken bei »Fläche überdrucken« und/oder »Kontur überdrucken«.

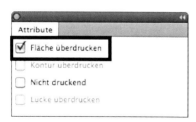 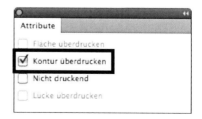

Step 4: Überdrucken prüfen

Mit der Separationsvorschau können Sie überprüfen, ob die Veredelung mit einer Sonderfarbe angelegt wurde und den Untergrund überdruckt.

1 Öffnen Sie die Separationsvorschau (Menü > Fenster > Ausgabe) und wählen Sie unter »Ansicht« den Punkt »Separationen«.
2 Wurde die Veredelung mit einer Sonderfarbe angelegt, erscheint hier ein neuer Farbkanal mit der Bezeichnung Ihrer Sonderfarbe. Klicken Sie auf diesen Farbkanal und blenden Sie ihn abwechselnd ein und aus. Flächen unter der Veredelung dürfen nicht ausgespart sein.

Falsch: Der Buchstabe »A« spart den Untergrund aus.

Richtig: Der Buchstabe »A« überdruckt den Untergrund.

Bilder und Pixelgrafiken

Möchten Sie Bilder und Pixelgrafiken mit einer Veredelung versehen, haben Sie zwei Möglichkeiten.

Möglichkeit 1 (InDesign)
Zeichnen Sie die Fläche, die veredelt werden soll, auf einer separaten Ebene als Vektorgrafik. Anschließend füllen Sie diese Fläche mit der zuvor angelegten Sonderfarbe. Danach stellen Sie die Fläche auf Überdrucken.

Möglichkeit 2 (Photoshop)
Öffnen Sie das Motiv in Photoshop. In den Optionen des Fensters »Kanäle« legen Sie einen neuen Volltonfarbkanal mit aussagekräftiger Bezeichnung an (Spotlack, UV-Lack, Prägung etc). Markieren Sie den Kanal und füllen Sie den gewünschten Bereich mit 100 % Schwarz.

4.2 Stanzformen

Immer dann, wenn das offene Dokumentformat nicht rechteckig ist oder Bereiche auf der Seite ausgestanzt werden sollen, wird eine Stanzform benötigt.

Eigene Stanzform anlegen
Falls speziell für Ihren Auftrag eine neue Stanzform erstellt werden soll, legen Sie diese wie folgt an:

Step 1: Volltonfarbe (Sonderfarbe) für die Stanzform anlegen
Die Stanzform muss immer mit einer Sonderfarbe angelegt werden.

1 Öffnen Sie das Farbfelder-Fenster (Menü > Fenster > Farbe > Farbfelder).
2 Klicken Sie in der rechten oberen Ecke auf die »Optionen« und erstellen Sie ein neues Farbfeld.
3 Wählen Sie für den Farbfeldnamen die Bezeichnung »Stanzform«.
4 Als Farbtyp wählen Sie »Vollton« aus. Den Farbmodus stellen Sie auf »CMYK«.
5 Die Farbzusammensetzung können Sie frei bestimmen. Sie sollte sich jedoch von den restlichen Farben im Layout abheben, damit die Stanzform als solche erkennbar ist.

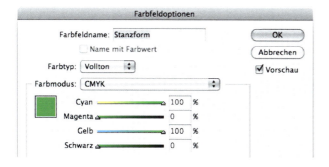

6 Nachdem Sie mit »OK« bestätigt haben, erscheint Ihr Farbfeld im Farbfelder-Fenster. Haben Sie es korrekt angelegt, erscheint rechts neben dem Farbnamen das Symbol für Volltonfarben (◉).

Step 2: Stanzkontur auf neuer Ebene anlegen

Mit der zuvor definierten Sonderfarbe legen Sie eine Stanzkontur an. Mit dieser Stanzkontur lässt die Druckerei später eine Stanzform produzieren. Vermeiden Sie feine Details und halten Sie bei komplexen Formen Rücksprache mit der Druckerei.

1 Erstellen Sie eine neue Ebene für die Stanzform (Menü > Fenster > Ebenen).

2 Klicken Sie auf diese Ebene und zeichnen Sie die gewünschte Stanzkontur mit der zuvor angelegten Sonderfarbe. Die Konturstärke sollte 0,25 pt betragen.

Step 3: Stanzform auf Überdrucken stellen

Damit die Stanzform das darunterliegende Druckbild nicht ausspart, müssen Sie die Stanzkontur auf Überdrucken stellen.

1 Öffnen Sie das Attribute-Fenster (Menü > Fenster > Ausgabe > Attribute).
2 Markieren Sie die Stanzkontur und setzen Sie im Attribute-Fenster einen Haken bei »Kontur überdrucken«.

Step 4: Überdrucken prüfen

Mit der Separationsvorschau können Sie überprüfen, ob die Stanzkontur mit einer Sonderfarbe angelegt wurde und den Untergrund überdruckt.

1. Öffnen Sie die Separationsvorschau (Menü > Fenster > Ausgabe) und wählen Sie unter »Ansicht« den Punkt »Separationen«.
2. Wurde die Stanzkontur mit einer Sonderfarbe angelegt, erscheint hier ein neuer Farbkanal mit der Bezeichnung Ihrer Sonderfarbe. Klicken Sie auf diesen Farbkanal und blenden Sie ihn abwechselnd ein und aus. Flächen unter der Stanzkontur dürfen nicht ausgespart sein.

Falsch: Die Kontur spart den Untergrund aus.

Richtig: Die Kontur überdruckt den Untergrund.

Step 5: Beschnitt berücksichtigen

Flächen, die bis zur Stanzkontur reichen, müssen 2–3 mm über die Stanzkontur hinausragen. Kommt es beim Stanzen zu Ungenauigkeiten, können andernfalls weiße Kanten entstehen (Blitzer genannt).

Stanzkontur mit Beschnittzugabe

Gelieferte Stanzform verwenden

Für den Fall, dass Sie auf ein Standardprodukt der Druckerei zurückgreifen, wird diese Ihnen die zugehörige Stanzform als EPS-, AI- oder PDF-Datei liefern.

Step 1: Stanzform in InDesign platzieren (100 % Originalgröße)

Platzieren Sie die Stanzform in InDesign. Achten Sie darauf, dass die Größe dem späteren Endprodukt entspricht (100 %).

Step 2: Wurde die Stanzkontur mit einer Sonderfarbe angelegt und überdruckt?

Prüfen Sie mit der Separationsvorschau (siehe vorherige Seite), ob die Stanzkontur mit einer Sonderfarbe angelegt wurde und darunterliegende Elemente von den Stanzkonturen überdruckt werden. Ist dies nicht der Fall, fordern Sie eine neue Stanzform an. Möchten Sie die Stanzform selbst korrigieren? Dann können Sie sich an den vorherigen Seiten orientieren. Die Funktionen in Illustrator und InDesign sind sich sehr ähnlich.

Step 3: Beschnitt berücksichtigen

Wie bereits zuvor beschrieben, müssen randabfallende Elemente 2–3 mm über die Stanzkontur hinausragen.

4.3 Falzflyer

Beachten Sie bei Falzflyern, dass gegebenenfalls Seiten verkürzt angelegt werden müssen. Andernfalls lässt sich der Flyer später nicht sauber schließen oder die Falzung sitzt an der falschen Stelle.

Verkürzte Seiten bei Falzflyern berücksichtigen

Bei Flyern mit Wickelfalz, Fensterfalz oder Altarfalz müssen eingeklappte Seiten verkürzt werden. Andernfalls können diese Seiten bei leichten Ungenauigkeiten während der Falzung nicht sauber eingeklappt werden. Fragen Sie Ihre Druckerei nach einem Muster, das Angaben zu den gewünschten Seitenbreiten enthält. Unten sehen Sie exemplarisch, welche Seite bei einem 6-seitigen Flyer mit Wickelfalz verkürzt werden muss:

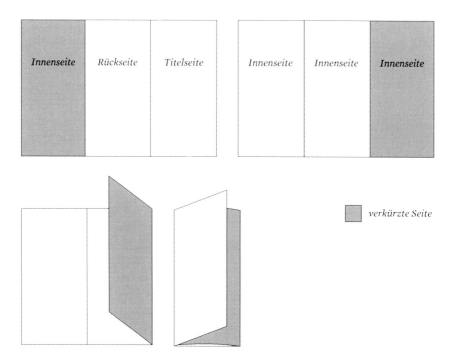

Falzmarken anlegen

Ob Ihr Druck-PDF Falzmarken enthalten muss, besprechen Sie bitte mit Ihrer Druckerei. In der Regel werden Falzmarken in der automatisierten Druckproduktion nicht benötigt, können aber bei der Datenkontrolle hilfreich sein.

Manuelle Falzmarken

Möchten Sie die Falzmarken manuell anlegen, müssen Sie Folgendes tun:

1 Definieren Sie unter »Datei > Dokument einrichten« einen Infobereich von 8 mm und bestätigen Sie mit »OK«.

2 Zusätzlich zu den Hilfslinien für den Beschnitt werden im Dokument Hilfslinien für den Infobereich eingeblendet. Legen Sie im Infobereich Falzmarken mit diesen Einstellungen an: Linienstärke: 0,25 pt | Linienstil: gestrichelt oder durchgezogen | Länge: 3 mm

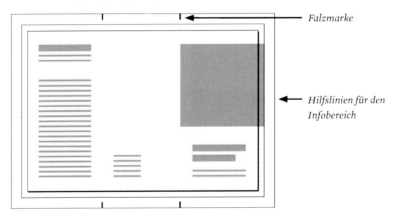

Falzmarke

Hilfslinien für den Infobereich

3 Beim finalen PDF-Export müssen Sie im Bereich »Marken und Anschnitt« unter dem Punkt »Anschnitt und Infobereich« den Infobereich einschließen.

Automatische Falzmarken

Besteht Ihr Dokument aus zusammengesetzten Einzelseiten und arbeiten Sie mit InDesign CS5 oder höher, können Sie Falzmarken auch automatisch beim PDF-Export ausgeben lassen. Dabei erzeugt InDesign die Falzmarken jeweils am Übergang der Einzelseiten.

Dokument aus zusammengesetzten Einzelseiten

Wenn Sie Ihr Dokument final als druckfähiges PDF exportieren, müssen Sie im Fenster für den PDF-Export lediglich zwei Einstellungen vornehmen:

1 Setzen Sie im Fenster »Allgemein« unter dem Punkt »Seiten« einen Haken bei »Druckbögen«.

2 Setzen Sie im Fenster »Marken und Anschnitt« unter dem Punkt »Marken« einen Haken bei »Schnittmarken«.

4.4 Bücher

In diesem Kapitel erfahren Sie, was Sie bei umfangreicheren Werken mit Klebebindung oder Fadenheftung berücksichtigen müssen.

Buchendformat und Buchrückenbreite anfordern

Damit Sie den Umschlag in InDesign anlegen können, benötigen Sie zunächst das Buchendformat und die gewünschte Beschnittzugabe. Fordern Sie bei der Druckerei eine Vorlage mit den genauen Maßen an.

Die Breite des Buchrückens erfahren Sie ebenfalls von Ihrer Druckerei. Diese wird die Rückenbreite berechnen oder an einem Blindmuster abmessen. Ein Blindmuster entspricht bezüglich Format, Materialien und Bindungstyp dem Endprodukt und wird vom Buchbinder meist in Handarbeit angefertigt. Auf Anfrage wird Ihnen die Druckerei ein Blindmuster zukommen lassen.

Umschlag getrennt vom Inhalt anlegen

Für den Buchumschlag müssen Sie ein neues Dokument erstellen. Dabei wird der Buchumschlag im aufgeklappten Zustand auf einem Druckbogen angelegt.

Ab InDesign Version CS5.5 sind in einem Dokument unterschiedliche Seitenbreiten möglich. Sie können also für Vorderseite, Buchrücken und Rückseite jeweils eine eigene Seite anlegen. Ändert sich die Rückenbreite des Umschlags, ändern Sie einfach die Breite der entsprechenden Seite, ohne dass sich die Inhalte von Vorder- und Rückseite verschieben.

Und so funktioniert es:

1 Legen Sie ein neues Dokument im geschlossenen Endformat des Buches an und entfernen Sie den Haken bei »Doppelseiten«.

☐ Doppelseite

Technische Spezialfälle 99

2 Im Menü des Seiten-Fensters entfernen Sie den Haken bei »Neue Dokumentseitenanordnung zulassen«.

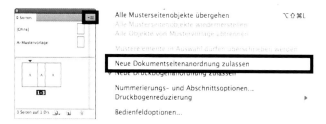

3 Anschließend erstellen Sie drei neue Seiten.
4 Markieren Sie die zweite Seite und setzen Sie unter »Layout > Stege und Spalten« alle Stege auf 0.
5 Nun wählen Sie im Seiten-Fenster unter dem Button »Seitenformat bearbeiten« das »benutzerdefinierte Seitenformat«. Vergeben

Sie einen neuen Namen und legen Sie die Werte für den Buchrücken fest. Danach klicken Sie auf »Hinzufügen« und bestätigen mit »OK«. Nun verändert sich die Breite der zweiten Seite.
6 Positionieren Sie die drei Seiten per »Drag and Drop« nebeneinander.

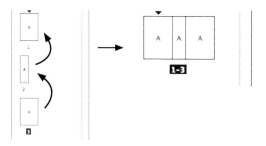

Falzmarken platzieren (optional)
Besprechen Sie mit der Druckerei, ob sie für den Buchrücken Falzmarken benötigt. Wie Sie Falzmarken anlegen erfahren Sie ab *Seite 96*.

Grafiken und Texte im Bund eventuell auseinanderrücken

Lässt sich ein Buch nicht flach aufschlagen, sind Grafiken und Texte in der Buchmitte (Bund) schlecht wahrnehmbar oder können sogar komplett verschwinden. Das Aufschlagverhalten wird von den verwendeten Materialien wie Klebstoff, Papier, Umschlag-Karton sowie der Bindetechnik beeinflusst. Bücher mit Fadenheftung liefern hier ein besseres Ergebnis als Bücher mit Klebebindung.

Abhängig vom Aufschlagverhalten, müssen Sie bei überlaufenden Texten die Buchstaben im Bund etwas auseinanderrücken. Kontaktieren Sie diesbezüglich bitte die Druckerei. Häufig haben Druckereien von vorherigen Produktionen noch Exemplare mit ähnlichen Eigenschaften vorrätig. An diesen können Sie sich orientieren.

Hinweis: Blindmuster (siehe *Seite 98*) sind selten hilfreich, da sie im Gegensatz zur späteren Buchproduktion häufig von Hand hergestellt werden.

Angeklebtes Vorsatzpapier/Einband berücksichtigen

Bei Hardcover-Büchern stellt das Vorsatzpapier die Verbindung zwischen Buchblock und Einband her. Dabei wird das Vorsatzpapier auf den Buchblock geklebt (❶).

Berücksichtigen Sie bei Ihrer Gestaltung, dass der linke Rand der ersten Inhaltsseite teilweise vom Vorsatzpapier verdeckt wird (❷). Zentrierte Objekte wirken unter Umständen nicht mehr mittig. Verschieben Sie diese um die Breite der Überklebung nach rechts. Den genauen Wert erfahren Sie von der Druckerei.

Bei Softcover-Büchern wird meist der Einband an den Buchblock geklebt (❸). Das Ergebnis ist dasselbe. Die erste Inhaltsseite wird teilweise verdeckt (❹).

Technische Spezialfälle 101

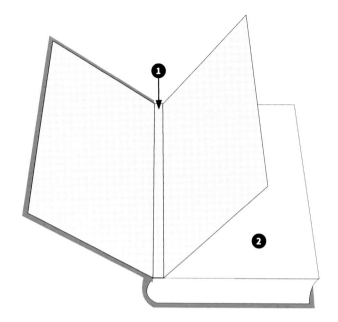

Bei Hardcover-Büchern wird das Vorsatzpapier an den Buchblock geklebt.

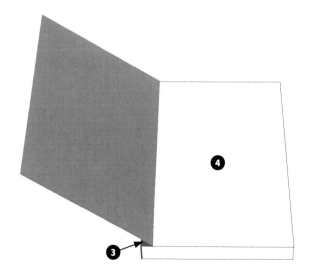

Bei Softcover-Büchern wird der Einband häufig an den Buchblock geklebt.

4.5 Ringbücher

Eine Besonderheit von Ringbüchern besteht darin, dass diese – im Gegensatz zu normalen Büchern – auch im Bund eine Beschnittzugabe benötigen.

Dokument mit Einzelseiten anlegen (für Beschnitt im Bund)

Da Ringbücher aus zugeschnittenen Einzelseiten bestehen, benötigen diese auch im Bund eine Beschnittzugabe (❶). Diesen können Sie jedoch nur korrekt anlegen, wenn Ihr Dokument mit Einzelseiten aufgebaut wurde.

Dazu müssen Sie unter »Menü > Datei > Dokument einrichten« den Haken bei »Doppelseite« entfernen und den Beschnitt/Anschnitt auf den von der Druckerei vorgegebenen Wert einstellen.

Anschließend erweitern Sie randabfallende Objekte im Dokument bis zu den Beschnitt-Hilfslinien außerhalb des Endformats (❷).

Technische Spezialfälle 103

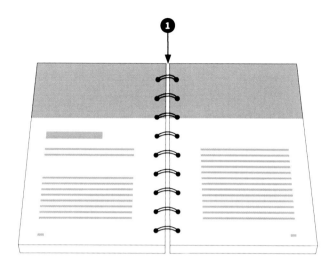

Ringbücher werden auch im Bund beschnitten.

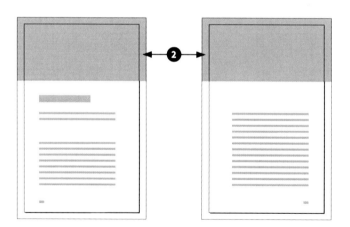

Legen Sie das Dokument mit Einzelseiten und Beschnittzugabe im Bund an.

4.6 Klammerheftungen mit hohem Umfang

Möchten Sie eine klammergeheftete Broschüre mit mehr als 48 Seiten produzieren, müssen Sie in Ihrem Layout den Bundzuwachs berücksichtigen.

Was ist der Bundzuwachs?

Bei klammergehefteten Broschüren werden die Seiten zusammengetragen, gefalzt, geklammert und anschließend auf das Endformat beschnitten. Abhängig vom Seitenumfang und der Papierstärke drängen Seiten in der Broschürenmitte beim Falzen nach außen. Beschneidet die Druckerei eine Broschüre auf das Endformat (nachdem sie gefalzt und geklammert wurde), so werden diese Seiten folglich kürzer.

Außenränder werden schmaler und grafische Elemente, die nah am Rand stehen, im schlimmsten Fall sogar angeschnitten.

Beispiel:
Eine 68-seitige Broschüre mit 135 g/m² hat einen maximalen Bundzuwachs von 2,3 mm. D. h. nachdem die Inhaltsbögen gefalzt wurden, werden die mittleren Seiten um 2,3 mm nach außen verdrängt und nach dem Beschnitt um 2,3 mm kürzer.

Technische Spezialfälle 105

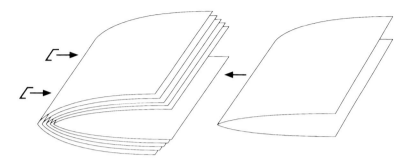

Die Druckbögen werden ineinandergesteckt.

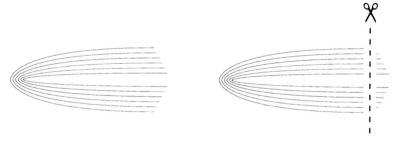

Die ineinandergesteckten Druckbögen werden beschnitten.

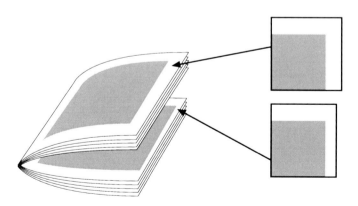

Der Rand von Seiten in der Broschürenmitte wird schmaler.

Umgang mit dem Bundzuwachs

Folgendermaßen können Sie auf den Bundzuwachs reagieren:

Variante 1: Genügend Rand lassen

Wenn es Sie nicht stört, dass die Außenränder zur Broschürenmitte hin schmaler werden, müssen Sie nur darauf achten, dass wichtige Seiteninhalte nicht zu nah an den Außenkanten platziert werden.

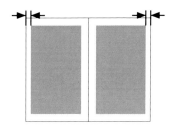

Effekt:
+ Innenränder bleiben gleich
− Außenränder werden zur Broschürenmitte hin schmaler

Variante 2: Satzspiegel verschieben

Möchten Sie, dass alle Außenränder immer dieselbe Breite haben, können die meisten Druckereien den kompletten Seiteninhalt automatisch nach innen verschieben. Wird der linke Außenrand einer Seite aufgrund des Bundzuwachses um 2 mm kürzer, wird deren Seiteninhalt zum Ausgleich um 2 mm nach rechts verschoben. Schön an dieser Methode ist, dass insbesondere Seitenzahlen immer denselben Abstand zur Außenkante haben.

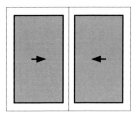

Effekt:
+ Außenränder bleiben gleich
− Innenränder werden zur Broschürenmitte hin schmaler

Problemfall überlaufende Bilder
Beinhaltet Ihr Layout Bilder, die über den Bund (Grenze zwischen zwei Seiten) laufen, kann der Bundzuwachs nicht mehr automtisch korrigiert werden.

Verschiebt die Druckerei die linke Bildhälfte um 3 mm nach rechts und die rechte Bildhälfte um 3 mm nach links, würde im Bund ein 6 mm breiter Bildstreifen fehlen. In diesem Fall müssen Sie die Seiteninhalte manuell versetzen.

Variante 3: Ränder vergrößern
Da die Außenränder durch den Bundzuwachs zur
Broschürenmitte hin kleiner werden, können Sie diese
zum Ausgleich im Layout schrittweise vergrößern.
Beträgt der Bundzuwachs einer linken Seite 3 mm,
erweitern Sie einfach den linken Seitenrand um
3 mm. Nachteilig an der Methode ist, dass die Breite
des Satzspiegels zur Broschürenmitte hin abnimmt.
Dafür haben Sie immer dieselben Seitenränder, was
besonders bei Layouts mit Rahmen gewünscht sein kann.

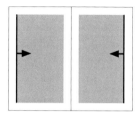

Effekt:
+ Außenränder und Innenränder bleiben gleich
− Satzspiegelbreite nimmt ab

Zeitaufwand beachten
Bei Aufträgen mit kleinem Budget und/oder knapper Deadline können Sie
nicht alle Seiten von Hand verschieben. Das wäre schlichtweg zu aufwändig.
Bedenken Sie auch, dass Sie im Fall von Screen-PDFs zwei Versionen benötigen.
Deshalb kommt hier nur Variante 1 und – sofern sich keine überlaufenden
Bilder in Ihrem Layout befinden – Variante 2 in Frage.

Bundzuwachs messen/messen lassen
Den Wert für den maximalen Bundzuwachs erfahren Sie von Ihrer Druckerei.
Diese wird ein Blindmuster mit dem späteren Auflagenpapier erstellen und
den Bundzuwachs abmessen. Alternativ kann der Bundzuwachs auch mit einer
Formel berechnet werden. Diese Methode ist allerdings nicht so genau wie
ein Blindmuster.

Bundzuwachs für Einzelseiten berechnen

Wenn Sie den Bundzuwachs in Ihrem Layout manuell ausgleichen möchten, müssen Sie zuerst berechnen, um wie viel Millimeter Sie den Inhalt auf jeder Unterseite verschieben müssen. Die folgende Tabelle zeigt beispielhaft die Berechnung bei einer Broschüre mit 68 Seiten und einem maximalen Bundzuwachs von 2,3 mm.

	❶ Papierbögen	❷ Seiten	❷ Seiten	❸ Bundzuwachs pro Bogen in mm	❹ Bundzuwachs von 4 Bögen in mm
	Umschlag	–	–	0	–
	1. Bogen	1, 2	63, 64	0,14	
	2. Bogen	3, 4	61, 62	0,28	0,56
	3. Bogen	5, 6	59, 60	0,42	
	4. Bogen	7, 8	57, 58	0,56	
	5. Bogen	9, 10	55, 56	0,7	
	6. Bogen	11, 12	53, 54	0,84	1,12
	7. Bogen	13, 14	51, 52	0,98	
	8. Bogen	15, 16	49, 50	1,12	
	9. Bogen	17, 18	47, 48	1,26	
	10. Bogen	19, 20	45, 46	1,4	1,68
	11. Bogen	21, 22	43, 44	1,54	
	12. Bogen	23, 24	41, 42	1,68	
	13. Bogen	25, 26	39, 40	1,82	
	14. Bogen	27, 28	37, 38	1,96	2,24
	15. Bogen	29, 30	35, 36	2,1	
	16. Bogen	31, 32	33, 34	2,24	

❶ Papierbögen
In der ersten Spalte listen Sie die Papierbögen Ihrer Broschüre auf. Da nur die Innenseiten vom Bundzuwachs betroffen sind, zählen Sie den Umschlag nicht mit. Ein Papierbogen besteht aus 4 Seiten. Die 64 Innenseiten einer 68 Seiten starken Broschüre bestehen also aus 16 Bögen (64 Innenseiten : 4 = 16 Bögen).

❷ Seitenzahlen/Bogen
In der zweiten Spalte tragen Sie die Seitenzahlen aufsteigend in 2er Schritten ein. Sie beginnen beim ersten Bogen, die Umschlagzeile bleibt unberücksichtigt. Führen Sie die Eintragung der Seitenzahlen in der dritten Spalte von unten nach oben fort. So sehen Sie, welche Seiten zu welchem Bogen gehören.

❸ Bundzuwachs pro Bogen
In die vierte Spalte kommt der Bundzuwachs für jeweils einen Papierbogen. Den Bundzuwachs des ersten Bogens berechnen Sie wie folgt:

Seitenzahl ohne Umschlag : 4 = Gesamtbogenzahl
Maxmimaler Bundzuwachs : Gesamtbogenzahl = Bundzuwachs 1. Bogen

In unserem Beispiel bedeutet das:
64 Seiten : 4 = 16 Papierbögen
2,3 mm : 16 Papierbögen = 0,14375 mm ≈ 0,14 mm

Der erste Papierbogen ragt also 0,14 mm aus dem Umschlag heraus, der zweite Bogen um den doppelten Wert (0,28 mm), der dritte um den dreifachen Wert (0,42 mm), der vierte um den vierfachen Wert (0,56 mm) usw.

❹ Bundzuwachs von 4 Bögen
Da es sehr aufwändig wäre, jeden Bogen mit einem eigenen Wert zu korrigieren, fasst man mehrere Bögen zusammen. So können Sie jeweils 4 Bögen mit demselben Wert korrigieren:

Bögen 1–4 mit dem vierfachen Wert (0,14 mm · 4 = 0,56 mm)
Bögen 5–8 mit dem achtfachen Wert (0,14 mm · 8 = 1,12 mm)
Bögen 9–12 mit dem zwölffachen Wert (0,14 mm · 12 = 1,68 mm)
Bögen 13–16 mit dem sechzehnfachen Wert (0,14 mm · 16 = 2,24 mm)

In der Beispieltabelle bestehen die Bögen 1–4 aus den Seiten 1–8 sowie 57–64. Bei diesen Seiten müssten Sie den Satzspiegel um 0,56 mm Richtung Bund verschieben oder den Außenrand um 0,56 mm vergrößern.

4.7 Fahrzeugbeklebungen

*Fahrzeugbeklebungen legen Sie am besten im Programm **Illustrator** an. Dort können Sie, im Gegensatz zu InDesign, die Linien in Flächen umwandeln.*

Schriften in Pfade umwandeln (Illustrator)

Wird ein Fahrzeug mit Schriftzügen beklebt, müssen Sie diese vor der Produktion in Pfade umwandeln. Damit der Schneideplotter die Schrift ausschneiden kann, benötigt er deren Kontur als Pfad. Markieren Sie alle Schriftzüge und wandeln Sie diese unter »Menü > Objekt > Umwandeln« in Pfade um.

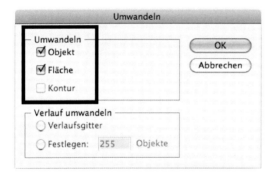

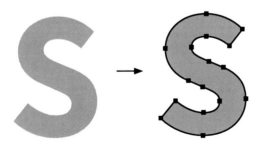

Der Buchstabe »S« wird in Pfade umgewandelt.

Technische Spezialfälle 111

Linien in Flächen umwandeln (Illustrator)

Auch bei Linien benötigt der Schneideplotter die Kontur als Pfad. Aus der markierten Linie können Sie unter »Menü > Objekt > Umwandeln« eine Fläche erzeugen.

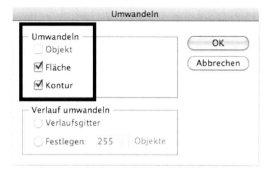

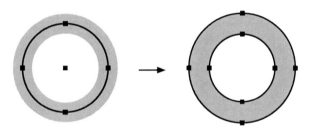

Eine Linie wird zur Fläche umgewandelt.

Ordnung

Zu einer hochwertigen Reinzeichnung gehören einheitliche Abstände und Objektpositionen sowie eine ordentliche Dokumentstruktur.

5.1 Satzspiegel und Raster

Enthält das Dokument Satzspiegel und Gestaltungsraster, achten Sie darauf, dass die Seiteninhalte korrekt platziert wurden.

Musterseiten prüfen

Sofern das Dokument Musterseiten verwendet, prüfen Sie, ob diese ordnungsgemäß zugewiesen wurden.

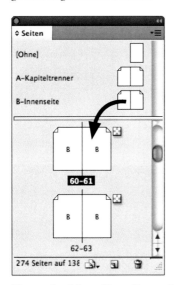

Musterseiten können Sie per Drag and Drop auf die Innenseiten übertragen

Texte, Bilder und Grafiken im Satzspiegel

Befinden sich vereinzelte Elemente nicht passgenau im Satzspiegel, wirkt dies beim Durchblättern einer Broschüre fehlerhaft. Achten Sie darauf, dass Sie sich mit dem Curser nicht in einem Textfenster befinden und blenden Sie anschließend den Satzspiegel mit der Taste »W« ein. Danach kontrollieren Sie alle Seiten.

Grundlinienraster einhalten

Bei Papieren mit geringer Opazität können Inhalte der Vorderseite auf der Rückseite durchscheinen (und natürlich umgekehrt). Verwenden Sie deshalb für Texte, Bilder und Grafiken ein Grundlinienraster. Das führt zu einem ruhigeren Erscheinungsbild.

Einheitliche Abstände verwenden

Beachten Sie, dass bei gleichen Anwendungsfällen gleiche Abstände verwendet wurden. Beträgt der Abstand vor und nach einem Bild im Fließtext immer 5 mm, so sollte dies im gesamten Dokument einheitlich sein. Es sei denn, der Gestalter hat sich bewusst für abweichende Abstände entschieden.

Bündigkeit beachten

Überprüfen Sie mit den Hilfslinien, ob Objekte mit ähnlichen horizontalen oder vertikalen Positionen bündig abschließen.

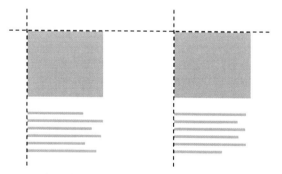

Bündige Objekte sorgen für Ruhe im Layout.

5.2 Dokument säubern

Dient ein Dokument auch als Basis für weitere Auflagen, lohnt es sich, auf eine ordentlich angelegte Datei zu achten.

Nicht verwendete Farben löschen

Im Kapitel Farbfelder auf *Seite 62* haben Sie bereits nicht verwendete Farben gelöscht. Falls nicht, holen Sie es jetzt nach.

1 Öffnen Sie die Farbfelder (Menü > Fenster > Farbe).
2 Klicken Sie auf den Pfeil in der rechten oberen Ecke und dort auf »Alle nicht verwendeten auswählen«. Jetzt werden alle nicht verwendeten Farben im Farbfelder-Fenster markiert.

3 Werden korrekte Farben markiert, welche in Folgepublikationen vorkommen könnten, nehmen Sie diese von der Auswahl aus. Dazu klicken Sie mit »cmd« (Mac) oder »Strg« (Windows) auf das entsprechende Farbfeld.
4 Löschen Sie die ausgewählten Farbfelder anschließend mit dem Papierkorbsymbol im Fenster unten rechts.

Farben selbsterklärend benennen

Im Prinzip können Sie Farben auf 3 Arten benennen:

- Nach Farbwerten:
  C 30 | M 40 | Y 0 | K 0
- Nach Funktion:
  Hausfarbe, Primärfarbe, Sekundärfarbe, Bereich Natur, Bereich Technik etc.
- Nach dem Farbton:
  Blau, Türkis, Gelb, Grün etc.

In der Layoutphase ist es praktisch, wenn man schon anhand des Farbnamens die Farbwerte sieht. Wenn Sie jedoch Farben für ein Corporate Design definieren, sollten Sie diese nach deren Funktion benennen (Hausfarbe Musterfirma, Primärfarbe, Bereich Technik etc.). So kann der Anwender, bei Dokumenten mit sehr vielen Farbfeldern, die korrekte Farbe schneller erkennen.

Nicht verwendete Formatvorlagen löschen
Sorgen Sie für Ordnung und löschen Sie unnötige Formatvorlagen.

1 Öffnen Sie Absatzformate, Zeichenformate und Objektstile (Menü > Fenster > Formate).
2 Klicken Sie in der rechten oberen Ecke auf den Pfeil und dort auf »Alle nicht verwendeten auswählen«.
3 Nehmen Sie korrekte Formate, welche in Folgepublikationen vorkommen könnten, von der Auswahl aus. Dazu klicken Sie mit »cmd« (Mac) oder »Strg« (Windows) auf das entsprechende Format.
4 Anschließend löschen Sie die ausgewählten Formate mit dem Papierkorbsymbol unten rechts.

Formate selbsterklärend benennen
Bildet Ihr Dokument die Grundlage für regelmäßig erscheinende Publikationen wie Magazine oder Zeitschriften, sollten Sie die Formate selbsterklärend benennen. Die Absatzformate könnten folgendermaßen aussehen:

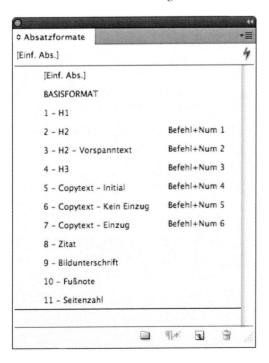

Leere Ebenen löschen

Leere Ebenen erschweren es dem Anwender, die Dokumentstruktur zu verstehen.

1 Öffnen Sie die Ebenen (Menü > Fenster > Ebenen).
2 Klicken Sie in der rechten oberen Ecke auf den Pfeil und dort auf »Unbenutzte Ebenen löschen«.

Ebenen selbsterklärend benennen

Bei Ebenen mit der Bezeichnung »Ebene 1«, »Ebene 2«, »Ebene 3« kann niemand auf deren Inhalt schließen. Benennen Sie Ebenen immer nach ihrer Funktion.

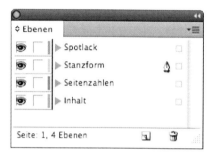

Elemente außerhalb der Zeichenfläche löschen

Häufig befinden sich außerhalb der Zeichenfläche noch Grafiken, Bilder oder Texte aus dem Layoutprozess. Sie sollten diese Elemente löschen. Denn auch Bilder und Schriften, die nicht direkt auf der Seite stehen, werden beim »Verpacken« eines InDesign-Dokuments gesammelt und führen unter Umständen zu Missverständnissen.

Typografie

Ein gut lesbarer Text mit einheitlicher Struktur und harmonischem Satzbild hängt maßgeblich vom korrekten Einsatz der Typografie ab.

6.1 Formatierung

Einheitlich und korrekt formatierte Texte tragen zu einem professionellen Erscheinungsbild bei und machen dem Leser die Textstruktur verständlich.

Textelemente wurden einheitlich formatiert

Überprüfen Sie, ob in Ihrem Dokument die folgenden Punkte einheitlich formatiert wurden:

- Schriftarten
- Schriftgrößen
- Zeilenabstände bzw. Grundlinienraster
- Abstände zwischen Absätzen
- Laufweiten

Stark verzerrten Text vermeiden

Gelegentlich können Sie das Satzbild verbessern, indem Sie einzelne Zeilen leicht verzerren. Diese Veränderung ist für den Laien nicht wahrnehmbar, wenn die Verzerrung nur von 99 % bis 101 % durchgeführt wird.

Anders sieht es aus, wenn etwa ein Regular-Schriftschnitt zu einem Condensed-Schriftschnitt verzerrt wird. Bei einer horizontal verzerrten Schrift werden vertikale Linien schmaler, horizontale Linien bleiben unverändert. Dies führt zu unterschiedlichen Strichstärken und einem fehlerhaften Schriftbild.

Der rechte Buchstabe wurde um 60 % verzerrt. Deshalb sind die vertikalen Linien schmaler als die horizontalen Linien.

Arbeit mit Formatvorlagen

Besteht Ihr Dokument aus vielen Seiten, können Sie mit Absatz- und Zeichenformaten viel Zeit sparen.

Anstatt bei jedem Absatz manuell die Formatierung zu prüfen, weisen Sie einfach allen Absätzen das korrekte Absatzformat zu. Dann können Sie sicher sein, dass Ihr Dokument korrekt formatiert wurde.

Zusätzlich können Sie jeder Formatvorlage einen Tastaturbefehl zuordnen. Dann geht die Formatierung noch schneller. Das Feld für den »Tastaturbefehl« finden Sie in den Absatzformatoptionen (Doppelklick auf das Absatzformat) unter dem Punkt »Allgemein«. Klicken Sie in das Feld und drücken Sie »cmd (unter Windows Strg) + eine beliebige Zahl« auf dem rechten Ziffernblock.

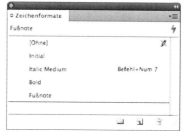

Absatz- und Zeichenformate in InDesign

6.2 Satzbild

Achten Sie auf ein harmonisches Satzbild. Dann verbessern Sie nicht nur die Optik, sondern auch die Lesbarkeit Ihrer Texte. Im Schriftsatz gibt es dazu einige Regeln, die Sie beachten sollten.

Spracheinstellung für Silbentrennung prüfen

Zunächst müssen Sie prüfen, ob bei Ihren Texten die richtige Sprache hinterlegt wurde. Für den deutschsprachigen Raum lautet die korrekte Einstellung »Deutsch: Rechtschreibreform 2006«. Markieren Sie den entsprechenden Text und überprüfen Sie die Spracheinstellung im Zeichenfenster (Menü > Fenster > Schrift und Tabellen). Arbeiten Sie mit Absatzformaten, so überprüfen Sie die Spracheinstellung im jeweiligen Absatzformat unter dem Punkt »Erweiterte Zeichenformate«.

Die Spracheinstellung eines markierten Textabschnitts ändern Sie im Textfenster.

Auch im Absatzformat können Sie die Spracheinstellung verändern.

Nicht mehr als 3 Trennungen untereinander
Zu viele Trennungen stören den Lesefluss. Vermeiden Sie deshalb mehr als 3 aufeinanderfolgende Trennungen.

> Weit hinten, hinter den Wortbergen, fern der großen Länder Vokalien und Konsonantien leben die Blindtexte. Abgeschieden wohnen sie in Buchstabhausen an der Küste des Semantik, eines großen Sprachozeans. Ein kleines Bächlein mit Namen Duden fließt durch ihren Ort und versorgt sie mit den notwendigen Regelialien.

Trennungen nach Wortteilen bevorzugen
Wenn möglich, trennen Sie nach Wortteilen. Andernfalls trennen Sie nach Sprechsilben.

Trennung nach Wortteilen:	Trennung nach Sprechsilben:
Blind-texte	Blindtex-te

Sinnentstellende Trennungen vermeiden
Es gibt Trennungen, die nach Sprechsilben zwar korrekt sind, aber zu Missverständnissen führen können.

Papa-ya	Spargel-der	bein-halten
Urin-stinkt	Spieler-öffnung	Drucker-zeugnis
Stiefel-tern	Textil-lustration	Aussen-dung
Anal-phabeten	beer-ben	Altbauer-haltung

Kurze Wörter nicht trennen
Wörter mit weniger als 5 Buchstaben sollten Sie nicht trennen.

Ei-er	Er-le	Ah-le	En-de	Gu-te
Au-ge	Au-to	Na-se	ho-le	Ba-by
um-so	Äh-re	Po-ny	ge-he	Ki-no

Kein Gedankenstrich am Zeilenanfang
Achten Sie darauf, dass sich kein Gedankenstrich am Zeilenanfang befindet. Dieser reißt ein Loch in die linke Satzkante.

> Abgeschieden wohnen sie in Buchstabhausen an der Küste
> – fernab jeglicher Zivilisation.

Blocksatz: Lücken vermeiden
Zu große Abstände zwischen den Wörtern führen zu einem unruhigen Satzbild. Zum Ausgleich verringern Sie die Laufweite (Richtwert: maximal bis −7) und/oder die horizontale Skalierung (maximal bis 99 %) der entsprechenden Zeile. Versuchen Sie, den sich ergebenden freien Raum mit einem Wort oder einer Silbe aus der nachfolgenden Zeile zu füllen.

Vorher
Weit hinten, hinter den Wortbergen, fern der großen Länder Vokalien und Konsonantien leben die Blindtexte. Abgeschieden wohnen sie in Buchstabhausen an der Küste des Semantik, eines großen Sprachozeans.

Nachher
Weit hinten, hinter den Wortbergen, fern der großen Länder Vokalien und Konsonantien leben die Blindtexte. Abgeschieden wohnen sie in Buchstabhausen an der Küste des Semantik, eines großen Sprachozeans.

Flattersatz: Keine Formbildung und »abstürzende« Wörter

Achten Sie darauf, dass sich bei der Flatterkante keine erkennbaren Formen wie »Treppen« oder »Bäuche« bilden. Diese ziehen die Aufmerksamkeit des Lesers auf sich und lenken vom eigentlichen Text ab. Optimal sind abwechselnd kurze und lange Zeilen.

Guter Flattersatz / *Schlechter Flattersatz*

Abgeschieden wohnen sie in Buchstabhausen an der Küste des Semantik, eines großen Sprachozeans. Ein kleines Bächlein mit Namen Duden fließt durch ihren Ort und versorgt sie mit den notwendigen Regelialien.

Einzelne Wörter sollten nicht komplett über die Folgezeile hinausragen. Optisch fehlt ihnen »der Boden unter den Füßen«. Sie drohen »abzustürzen«.

Ein kleines Bächlein namens Duden fließt durch ihren Ort und versorgt sie mit den nötigen Regelialien. Es ist ein paradiesmatisches Land, in dem einem gebratene Satzteile in den Mund fliegen. Nicht einmal von der allmächtigen Interpunktion werden die Blindtexte beherrscht – ein geradezu unorthographisches Leben.

Trennungen korrigieren

Möchten Sie eine Trennung korrigieren, verwenden Sie dafür den »bedingten Trennstrich«. Ein »bedingter Trennstrich« wird nur sichtbar, wenn das Wort auch tatsächlich getrennt wird. Ändert sich der Umbruch und das Wort steht mittig in der Zeile, verschwindet der Trennstrich wieder.

1 Klicken Sie mit dem Textwerkzeug an die zu trennende Stelle. Möchten Sie vermeiden, dass ein Wort getrennt wird, klicken Sie direkt vor das Wort.
2 Drücken Sie die Tastenkombination »Shift + Befehl + Minus« (Windows: »Shift + Strg + Minus«). Falls sich der Umbruch nicht ändert, liegt es möglicherweise an den Silbentrennungs- und Satzeinstellungen des Textabschnitts. Entweder würde durch den neuen Textumbruch im Blocksatz ein zu großer/kleiner Wortabstand entstehen oder im Flattersatz ein zu großer Abstand des Wortes zur rechten Satzspiegelkante.

Umbruch erzwingen

Möchten Sie den Umbruch eines Wortes innerhalb des Textabsatzes erzwingen, klicken Sie vor das entsprechende Wort und drücken Sie die Tastenkombination »Shift + Enter«.

Erste oder letzte Zeile eines Absatzes steht nicht alleine

Steht die erste oder letzte Zeile eines Absatzes alleine auf der Seite, wirkt diese etwas verloren. Die folgenden Beispiele zeigen, wie Sie es **nicht** machen sollten:

Weit hinten, hinter den Wortbergen, fern der Länder Vokalien und Konsonantien leben die Blindtexte. Abgeschieden wohnen sie in

Buchstabhausen an der Küste.

Ein kleines Bächlein namens Duden fließt durch ihren Ort.

Es erklomm die ersten Hügel des Kursivgebirges.

Dann warf es einen letzten Blick

zurück auf die Skyline seiner Heimatstadt Buchstabhausen, die Headline von Alphabetdorf und die Subline der kleinen Zeilengasse.

Letztes Wort eines Absatzes sollte nicht alleine stehen

Wie eine alleinstehende Zeile, so wirkt auch ein alleinstehendes Wort am Absatzende verlassen:

> Weit hinten, hinter den Wortbergen, fern der großen Länder Vokalien und Konsonantien leben die Blindtexte. Abgeschieden wohnen sie in Buchstabhausen an der Küste des Semantik, eines großen Sprachozeans. Ein kleines Bächlein namens Duden fließt durch ihren Ort und versorgt sie mit den nötigen Regelialien. Es ist ein paradiesmatisches Land, in dem einem gebratene Satzteile in den Mund fliegen. ←

Tritt dieser Fall auf, so haben Sie 2 Möglichkeiten:

- **Verringern** Sie schrittweise die Laufweite (Richtwert: maximal bis −7) und/oder die horizontale Skalierung (maximal bis 99 %) des Textabschnittes, bis das Wort in die vorletzte Zeile rutscht.

> Weit hinten, hinter den Wortbergen, fern der großen Länder Vokalien und Konsonantien leben die Blindtexte. Abgeschieden wohnen sie in Buchstabhausen an der Küste des Semantik, eines großen Sprachozeans. Ein kleines Bächlein namens Duden fließt durch ihren Ort und versorgt sie mit den nötigen Regelialien. Es ist ein paradiesmatisches Land, in dem einem gebratene Satzteile in den Mund fliegen.

- **Erweitern** Sie die Laufweite (Richtwert: maximal bis +7) und/oder die horizontale Skalierung (maximal bis 101 %) des Textabschnittes, bis ein Wort der vorletzten Zeile in die letzte Zeile rutscht.

> Weit hinten, hinter den Wortbergen, fern der großen Länder Vokalien und Konsonantien leben die Blindtexte. Abgeschieden wohnen sie in Buchstabhausen an der Küste des Semantik, eines großen Sprachozeans. Ein kleines Bächlein namens Duden fließt durch ihren Ort und versorgt sie mit den nötigen Regelialien. Es ist ein paradiesmatisches Land, in dem einem gebratene Satzteile in den Mund fliegen.

Optischen Randausgleich aktivieren (optional)

Befindet sich am Zeilenanfang ein Anführungszeichen, entsteht an dieser Stelle optisch eine Lücke. In InDesign gibt es die Funktion »Optischer Randausgleich«, mit der Sie diesen Umstand korrigieren können. Markieren Sie dazu den entsprechenden Textrahmen und aktivieren Sie unter »Menü > Schrift > Textabschnitt« den optischen Randausgleich. Als Schriftgröße wählen Sie die Größe des Textes. Befinden sich im Textrahmen unterschiedliche Schriftgrößen, testen Sie, bei welchen Größen Sie das beste Ergebnis erzielen.

Text **ohne** optischen Randausgleich:

> Weit hinten, hinter den Wortbergen, fern der großen Länder „Vokalien" und „Konsonantien" leben die Blindtexte. Abgeschieden wohnen sie in Buchstabhausen an der Küste des Semantik, eines großen Sprachozeans.

Text **mit** optischem Randausgleich:

> Weit hinten, hinter den Wortbergen, fern der großen Länder „Vokalien" und „Konsonantien" leben die Blindtexte. Abgeschieden wohnen sie in Buchstabhausen an der Küste des Semantik, eines großen Sprachozeans.

Wichtig: Prüfen Sie sorgfältig, ob der optische Randausgleich bei Ihrem Projekt eine Verbesserung darstellt. Es gibt Fälle, bei denen der optische Randausgleich das Ergebnis sogar verschlechtert (Aufzählungen, nummerierte Überschriften etc.). So habe ich mich in diesem Buch bewusst gegen den optischen Randausgleich entschieden.

Optischen Randausgleich partiell deaktivieren

Im Gegensatz zu Anführungszeichen, sieht es beispielsweise bei Aufzählungszeichen seltsam aus, wenn diese über die Satzkante hinausragen. Deshalb können Sie in InDesign den optischen Randausgleich für ausgewählte Textabschnitte deaktivieren. Dazu setzen Sie im Absatzformat für die Aufzählung unter »Einzüge und Abstände« einen Haken bei »Optischen Steg ignorieren«.

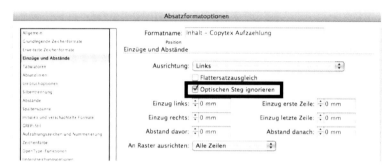

Alternativ können Sie diese Option auch ohne Absatzformate aktivieren. Markieren Sie dazu die entsprechende Aufzählung und aktivieren Sie im Kontextmenü des Fensters »Absatz« den Punkt »Optischen Steg ignorieren«.

Aufzählungszeichen **mit** optischem Randausgleich:

Weit hinten, hinter den Wortbergen leben:
- Kommas
- Ausrufezeichen

Aufzählungszeichen **ohne** optischen Randausgleich:

Weit hinten, hinter den Wortbergen leben:
- Kommas
- Ausrufezeichen

6.3 Suchen/Ersetzen (GREP)

Viele Punkte der folgenden Kapitel können Sie mit der Funktion GREP automatisch suchen und korrigieren.

GREP-Suchfunktionen geladen?

Bevor Sie beginnen können, müssen Sie die Suchen- und Ersetzen-Funktionen von meiner Webseite downloaden und in den entsprechenden Ordner kopieren (mehr dazu auf *Seite 21*).

Dann erscheinen die Funktionen im Suchen/Ersetzen-Fenster unter »Abfrage«.

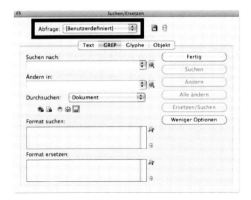

Die GREP-Suchfunktionen im Überblick

Im Folgenden erfahren Sie, was Sie mit den aktivierten GREP-Funktionen suchen und ersetzen können. Erklärungen zum typografischen Hintergrund finden Sie ab *Seite 136*.

Wichtig: Beim Suchen und Ersetzen nie auf »Alle ändern« klicken

Die GREP-Funktionen dürfen Sie auf keinen Fall pauschal für das gesamte Dokument anwenden (»Alle ändern«). Klicken Sie immer zunächst auf »Suchen«, prüfen Sie anschließend die gefundene Textstelle und klicken Sie dann auf »Ändern«.

1 Mehrfache Leerzeichen ersetzen.xml

Mehrfache Leerzeichen werden durch ein Leerzeichen ersetzt.

2 Leerzeichen am Zeilenanfang loeschen.xml

Leerzeichen am Zeilenanfang werden gelöscht.

3 Gedankenstrich im Text.xml

Befindet sich vor und nach einem Bindestrich ein Leerzeichen, wird der Bindestrich durch einen Gedankenstrich ersetzt.

Hintergrund: In den meisten Fällen handelt es sich um falsch gesetzte Gedankenstriche im Fließtext.

4 Gedankenstrich als Bisstrich/Streckenstrich.xml

Bindestriche, die von Ziffern umgeben sind, werden durch einen Gedankenstrich ersetzt. Eventuelle Leerzeichen vor und nach dem Bindestrich werden entfernt. Vor und nach dem Gedankenstrich wird ein 1/24-Geviert gesetzt.

Hintergrund: Bei Bindestrichen, die von Ziffern umgeben sind, muss es sich meistens um einen Bisstrich/Streckenstrich handeln.

Vorsicht: Diese Suchfunktion findet auch den Bindestrich vor der Durchwahl einer Telefonnummer. Diesen dürfen Sie nicht ersetzen! Vorsicht auch bei Rechenoperationen mit Minuszeichen. Hier müssen die Leerzeichen erhalten bleiben.

5 Trennstrich im Text.xml

Findet manuell gesetzte Trennstriche im Text und löscht diese.

Hintergrund: Hat der Setzer mit manuellen Trennstrichen gearbeitet, können diese bei verändertem Umbruch versehentlich in der Textmitte landen.

Vorsicht: Findet auch korrekte Trennstriche (z. B. in Internetadressen)

6-1 Doppelte Anführung („).xml　　**6-3 Einfache Anführung (‚).xml**
6-2 Doppelte Abführung (").xml　　**6-4 Einfache Abführung (').xml**

Findet falsche An- und Abführungszeichen und ersetzt diese durch deutschen An- und Abführungszeichen.

7-1 Doppelte öffnende Guillemets (»).xml　　**7-3 Einfache öffnende Guillemets(›).xml**
7-2 Doppelte schließende Guillemets(«).xml　　**7-4 Einfache schließende Guillemets(‹).xml**

Findet korrekte und/oder falsche An- und Abführungszeichen und ersetzt diese durch Guillemets. Achtung: In der Schweiz zeigen die Spitzen der Guillemets nach außen.

8-1 Vierundzwanzigstelgeviert vor und nach Schrägstrich.xml

Fügt vor und nach Schrägstrichen ein Vierundzwanzigstelgeviert ein. Befindet sich bereits ein Leerzeichen davor und danach, wird dieses durch ein Vierundzwanzigstelgeviert ersetzt.

8-2 Achtelgeviert vor und nach Schrägstrich.xml

Fügt vor und nach Schrägstrichen ein Achtelgeviert ein. Befindet sich bereits ein Leerzeichen davor und danach, wird dieses durch ein Achtelgeviert ersetzt.

Wann Sie welchen Zwischenraum anwenden, erfahren Sie ab Seite 136.

9 Achtelgeviert zwischen Abkürzungen (z. B., u. a.).xml

Fügt zwischen Abkürzungen ein Achtelgeviert ein. Befindet sich bereits ein Leerzeichen zwischen den Abkürzungen, wird dieses durch ein Achtelgeviert ersetzt.

10 Sechstelgeviert zwischen Zahl und Maßeinheit.xml

Fügt zwischen Zahl und Maßeinheit ein Sechstelgeviert ein. Befindet sich bereits ein Leerzeichen oder ein Achtelgeviert dazwischen, wird dieses durch ein Sechstelgeviert ersetzt.

11 Auslassungszeichen (…).xml

Ersetzt 3 oder 4 aufeinanderfolgende Satzpunkte durch ein Auslassungszeichen.

12 Malzeichen (x).xml

Ersetzt das Malzeichen, bestehend aus dem Buchstaben X, durch ein korrektes typografisches Malzeichen (×).

13 Apostroph.xml

Ersetzt falsche Apostrophe durch ein korrektes deutsches Apostroph.

14 Zahlen mit Punkt gliedern.xml

Gliedert Zahlenwerte bis zu einer Million in Dreierschritten mit einem Punkt.

15 Zahlen mit Achtelgeviert gliedern.xml

Gliedert Zahlenwerte bis zu einer Million in Dreierschritten mit einem Achtelgeviert.

16 Ziffern mit Open-Type-Funktion hochstellen.xml

Sucht hochgestellte Ziffern und ersetzt sie durch Open-Type-Hochstellungen, sofern die Schrift diese Funktion anbietet.

Suchen und Ersetzen

1 Öffnen Sie die Funktion »Suchen/Ersetzen« mit der Tastenkombination »cmd + f« (MAC) bzw. »Strg + f« (Windows).
2 Wählen Sie unter dem Punkt »Abfrage« die gewünschte Suchfunktion aus.
3 Anschließend klicken Sie auf »Suchen« und entscheiden, ob der gefundene Fall korrigiert werden muss. Falls ja, klicken Sie auf »Ändern«. Führen Sie diesen Vorgang fort, bis nichts mehr gefunden wird.

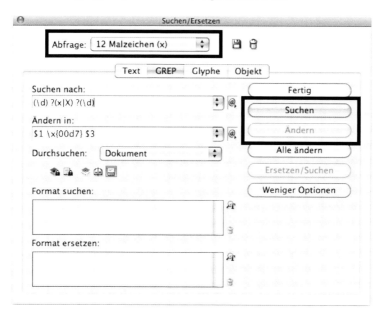

6.4 Zwischenräume

Zusätzlich zum Leerzeichen können Sie in InDesign Zwischenräume mit unterschiedlichen Breiten einfügen (Menü > Schrift > Leerraum einfügen). Doch wann kommt welcher Zwischenraum zum Einsatz?

Hinweis: Bei den folgenden Angaben handelt es sich um Richtwerte. Je nach Schrift können auch abweichende Zwischenräume sinnvoll sein.

1/24-Geviert bzw. Achtelgeviert vor und nach Schrägstrichen
Wird mit dem Schrägstrich jeweils nur ein Wort getrennt, und sitzt der Text zu nah am Schrägstrich, können Sie davor und danach ein 1/24-Geviert einfügen.

Auto/Fahrrad

Werden mit dem Schrägstrich mehrere Wörter getrennt, verwenden Sie ein Achtelgeviert.

das Auto / das Fahrrad

Achtelgeviert zwischen Abkürzungen
Bei Abkürzungen handelt es sich um eigenständige Wörter. Deshalb wird zwischen die abgekürzten Wörter ein Raum gesetzt. Ein Leerzeichen wäre jedoch zu viel, da der Zwischenraum durch den Punkt ohnehin größer wirkt. Verwenden Sie stattdessen ein **Achtelgeviert**.

z. B.
u. a., v. a., …

Sechstelgeviert zwischen Zahl und Maßeinheit

Laut Duden setzt man zwischen Zahlen und Maßeinheiten ein Leerzeichen. Aus typografischer Sicht ist es aber schöner, wenn Sie einen dezent verringerten Abstand verwenden. So werden Zahl und Maßeinheit eher als Einheit wahrgenommen. Verwenden Sie deshalb besser ein **Sechstelgeviert**.

Leerzeichen zwischen Zahl und Maßeinheit
Der Blindtext lief die 100 m so schnell er konnte.

Sechstelgeviert zwischen Zahl und Maßeinheit
Der Blindtext lief die 100 m so schnell er konnte.

1/24-Geviert zum Feintuning

Wenn die Durchwahl zu sehr am vorherigen Ziffernblock »klebt«, können Sie vor und nach dem Divis ein Vierundzwanzigstelgeviert einfügen.

0711 / 568 41 45 - 68

Sitzt ein Satzzeichen zu nah am Buchstaben, kann ein Vierundzwanzigstelgeviert eingefügt werden. Wirtschaftlich sinnvoll ist diese Korrektur jedoch nur bei wirklich hochwertigen Printprodukten und bei großen, plakativen Überschriften.

Kapitel 1: Die »Blindtexte« sind (fast) am Ziel!

Doppelte/mehrfache Leerzeichen ersetzen

Achten Sie darauf, dass sich zwischen Wörtern nur ein Leerzeichen befindet.

Keine Leerzeichen am Zeilenanfang

Nach Zeilenumbrüchen kann es vorkommen, dass versehentlich ein Leerzeichen der vorherigen Zeile am Zeilenanfang landet.

6.5 Satzzeichen

Satzzeichen dienen der Gliederung und Intonation geschriebener Texte. Besonders der Bindestrich, Gedankenstrich und die Anführungszeichen werden dabei häufig falsch eingesetzt.

Bindestrich
In der Typografie wird der Bindestrich auch Divis genannt. Der Bindestrich wird bei Trennungen, Ergänzungen und Wortverbindungen verwendet.

Worttrennungen
Leerräume: Keine

> Die Trennung störte den Blind-
> text nicht sonderlich.

Ergänzungen
Leerräume: Geschütztes Leerzeichen nach dem Bindestrich

> Makro- und Mikrotypografie

Wortverbindungen
Leerräume: Keine

> 90-jährige Frau

Gedankenstrich

Der Gedankenstrich, auch Streckenstrich oder Halbgeviertstrich genannt, ist etwas länger als der Bindestrich. Er wird bei Texteinschüben, Strecken, Zeiträumen, Gegensätzen, Aufzählungen und als Ersatz für das typografisch korrekte Minuszeichen verwendet.

Tastenkürzel   Mac: alt + Bindestrich   Windows: alt + 0150

Bei Texteinschüben
Leerräume: Vor und nach dem Gedankenstrich jeweils ein Leerzeichen

Weit hinten – hinter den Wortbergen – leben die Blindtexte.

Bisstrich / Streckenstrich
Leerräume: Vor und nach dem Gedankenstrich jeweils ein kleiner Raum (1/24-Geviert)

Stuttgart–München   20–40 m   Im Zeitraum 2014–2020

Gegenstrich
Leerräume: Vor und nach dem Gedankenstrich jeweils ein Leerzeichen

FC Bayern – VFB Stuttgart

Aufzählungszeichen
Leerräume: Keine Regelung

– Brot
– Käse
– Salat

Register
Leerräume: Keine Regelung

Typografie 56, 120, 183
– Makrotypografie 60
– Mikrotypografie 90

Deutsche Anführungszeichen

In vielen Publikationen finden sich falsche Anführungszeichen. Dies liegt wohl daran, dass die meisten Nutzer Anführungszeichen mit der Tastenkombination »Shift + 2« setzen. Bei dieser Tastenkombination ist jedoch ein hochgestellter Doppelstrich (″) hinterlegt, der noch aus der Zeit der Schreibmaschine stammt. Für gewöhnlich ersetzen Satzprogramme diesen Doppelstrich automatisch mit deutschen Anführungszeichen. Dies hängt jedoch von der richtigen Voreinstellung ab.

Korrekte InDesign Voreinstellungen

Erscheint auch bei Ihnen der besagte Doppelstrich (″) mit der Tastenkombination »Shift + 2«, müssen Sie die InDesign Voreinstellungen ändern:

1 Öffnen Sie diese unter »Menü > Voreinstellungen«. Haben Sie ein Dokument geöffnet, beziehen sich die Voreinstellungen auf das entsprechende Dokument. Möchten Sie die Voreinstellungen generell für alle neuen Dokumente ändern, schließen Sie zunächst alle geöffneten Dokumente und öffnen erst dann den Menüpunkt »Voreinstellungen«.

2 Unter »Eingabe« setzen Sie einen Haken bei »Typografische Anführungszeichen verwenden«.

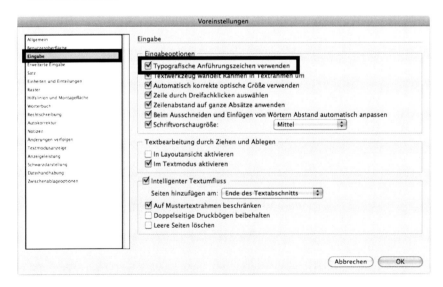

3 Unter »Wörterbuch« wählen Sie die korrekten doppelten und einfachen Anführungszeichen. Welche das sind, erfahren Sie im folgenden Abschnitt.

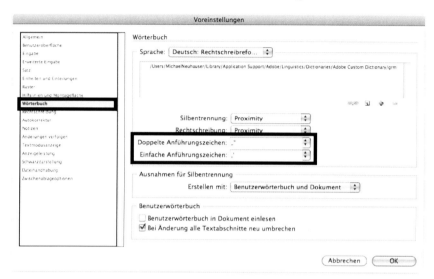

Doppelte Anführungszeichen

Die Form deutscher Anführungszeichen entspricht den Ziffern 9 und 6. Deshalb lautet eine einfache Merkhilfe: 99 unten und 66 oben.

Tastenkürzel   Mac: alt + ^ und alt + 2   Windows: alt + 0132 und alt + 0147

„Doppelte Anführungszeichen"

Einfache Anführungszeichen

Innerhalb von doppelten Anführungszeichen verwendet man einfache Anführungszeichen. Merkhilfe: 9 unten und 6 oben.

Tastenkürzel   Mac: alt + s und alt + #   Windows: alt + 0130 und alt + 0145

„Hier sehen Sie ‚einfache Anführungszeichen' in der Praxis."

Guillemets

Eine schöne Alternative zu den gewöhnlichen Anführungszeichen sind die Guillemets. Sie verursachen keine Löcher im Text und fügen sich besser in das Schriftbild ein als deutsche Anführungszeichen. Außerdem führen die einfachen Guillemets nicht zu Verwechslungen mit dem Komma.

Doppelte Guillemets

Im Deutschen zeigen die Spitzen der Guillemets immer nach innen auf den umschlossenen Textabschnitt.

Tastenkürzel   Mac: shift + alt + q und alt + q   Windows: alt + 0187 und alt + 0171

»Doppelte Guillemets«

Einfache Guillemets

Innerhalb von doppelten Guillemets verwendet man die einfachen Guillemets.

Tastenkürzel   Mac: shift + alt + n und shift + alt + b   Windows: alt + 0155 und alt + 0139

»Hier sehen Sie ›einfache Guillemets‹ in der Praxis.«

Guillemets in der Schweiz

Anders als in Deutschland und Österreich zeigen in der Schweiz die Spitzen der Guillemets nach außen.

«In der Schweiz zeigen die ‹Guillemets› nach außen.»

Apostroph

Die Form des korrekten Apostroph entspricht entweder einer 9 oder bei manchen Schriften der eines schrägen Strichs (von links unten nach rechts oben).

Tastenkürzel   Mac: shift + alt + #   Windows: alt + 0146

Los geht's

Auslassungspunkte (Ellipse)

Von Typografen auch als Ellipse bezeichnet, können mit Auslassungspunkten Wortteile oder Satzteile ersetzt werden. Verwenden Sie dieses Zeichen anstelle von drei aufeinanderfolgenden Punkten.

Tastenkürzel   Mac: alt + Punkt   Windows: alt + 0133

Ersetzung von vollständigen Wörtern und Satzteilen
Werden komplette Wörter oder Satzteile mit den Auslassungspunkten ersetzt, gehört vor das Auslassungszeichen ein Leerzeichen.

> Der Blindtext fand das …

Ersetzung von Wortteilen
Ersetzt das Auslassungszeichen nur einen Wortteil, wird es ohne Leerzeichen angefügt.

> Dem Blindtext ging es sch…

Satzzeichen nach dem Auslassungszeichen
Befindet sich das Auslassungszeichen am Satzende, so wird kein Schlusspunkt gesetzt. Alle anderen Satzzeichen werden wie gewöhnlich direkt angefügt. Damit das Satzzeichen nicht zu dicht am Auslassungszeichen »klebt«, können Sie dazwischen einen kleinen Raum (1/24-Geviert) einfügen.

> Dem Blindtext ging es sch… Das wussten sie alle.
> Dem Blindtext ging es sch…! Das wussten sie alle.

Kürzung von zitierten Textabschnitten
Wird ein Zitat verkürzt wiedergegeben, verdeutlicht man dies mit einem Auslassungszeichen umgeben von eckigen Klammern.

> Weit hinten […] leben die Blindtexte.

Klammern innerhalb von Klammern
Wird ein Text innerhalb von runden Klammern »eingeklammert«, verwendet man die eckigen Klammern.

> Weit hinten (hinter den Wortbergen [fern der Länder Vokalien und Konsonantien]) leben die Blindtexte.

Auszeichnung von Satzzeichen
Satzzeichen, die ohne Leerschritt neben einem kursiven oder fetten Satzteil stehen, werden ebenfalls kursiv oder fett formatiert.

> Dieses Ausrufezeichen ist *kursiv!*
> *Kursiv* oder nicht *kursiv,* das ist hier die Frage.

Ausnahme: Klammern
Bei den Klammern gibt es **keine einheitliche Richtlinie**. Viele Typografen handhaben es so:

Sind innerhalb der Klammern nur einzelne Wörter kursiv/fett, bleiben die Klammern unverändert.

> Klammern (ob *rund* oder *eckig*) sind hier gerade.

Ist der komplette Inhalt der Klammern kursiv/fett, sind die Klammern ebenfalls kursiv/fett.

> Klammern *(ob rund oder eckig)* sind hier kursiv.

6.6 Mathematische Sonderzeichen

Wenigen ist bekannt, dass es bei vielen Schriften für den mathematischen Satz spezielle Sonderzeichen gibt.

Malzeichen
Häufig wird als Malzeichen fälschlicherweise der kleine Buchstabe »x« verwendet. Hierfür gibt es bei professionellen Schriften jedoch ein eigenes Zeichen.

Tastenkürzel   Mac: keines (Sie finden das Zeichen im Glyphen-Fenster)   Windows: alt + 0215

2 x 10 = 20   falsch
2 × 10 = 20   richtig

Ein Punkt als Malzeichen ist ebenfalls korrekt.

Tastenkürzel   Mac: shift + alt + 9   Windows: alt + 0183

2 · 10 = 20   richtig

Geteiltzeichen
Bei einfachen Divisionen der Schulmathematik ist der Doppelpunkt am verbreitetsten. Verglichen mit dem Plus-, Minus-, Mal- und Gleichheitszeichen sitzt dieser jedoch für gewöhnlich zu tief. Deshalb richten Sie den Doppelpunkt per Grundlinienversatz auf die horizontale Mittelachse des Gleichheitszeichens aus.

20 : 2 = 10

Weitere Schreibweisen
Eine Alternative zum Doppelpunkt ist der Schrägstrich, welcher häufig in der Programmierung zu finden ist.

20 / 2 = 10

Eine weitere Alternative ist das im englischen Sprachraum verbreitete Geteiltzeichen, bestehend aus Doppelpunkt und Strich.

Tastenkürzel   Mac: shift + alt + Punkt   Windows: alt + 0247

20 ÷ 2 = 10

Pluszeichen
Beim »normalen« Pluszeichen handelt es sich bereits um die typografisch korrekte Variante. Hier müssen Sie nichts weiter beachten.

Minuszeichen
Für das Minuszeichen gibt es bei professionellen Schriften ein eigenes Zeichen, welches sich vom Bindestrich und Gedankenstrich unterscheidet. Es entspricht in Höhe und Breite dem horizontalen Strich des Pluszeichens.

Tastenkürzel   Mac: keines (Sie finden es im Glyphen-Fenster)   Windows: siehe Mac

20 – 10 = 10   + —   Gedankenstrich

20 – 10 = 10   + —   Minuszeichen

Fehlt Ihnen dieses Zeichen, können Sie alternativ auch den Gedankenstrich verwenden. Meistens müssen Sie diesen jedoch per Grundlinienversatz auf die Höhe des horizontalen Strichs vom Pluszeichen anheben.

Bei negativen Zahlenangaben steht das Minuszeichen ohne Abstand vor der Zahl.

−79 %   ohne Leerraum

Bei Rechenoperationen befindet sich vor und nach dem Minuszeichen jeweils ein Leerzeichen.

4 − 20 = 16   mit Leerraum

Brüche
Gut ausgebaute Schriften haben für Brüche einen eigenen Schrägstrich mit verkleinerten Ziffern. Sie finden diese über die Open-Type-Funktionen im Textfenster oder in der Glyphentabelle.

1/2   falsch   ½   richtig

Winkelangaben
Im Gegensatz zu der Angabe Grad Celsius wird die Winkelangabe ohne Abstand an die Ziffer angehängt.

32°

Hochgestellte und tiefgestellte Zeichen

Zeichen, die mit dem Steuerungsfenster (unterhalb der Navigation) hoch-/tiefgestellt wurden, haben eine feinere Strichstärke als der übrige Text. InDesign verkleinert das markierte Zeichen und stellt dieses hoch.

Vermeiden Sie Hoch- und Tiefstellungen im Steuerungsfenster

Professionelle Schriften hingegen haben für hoch-/tiefgestellte Ziffern eigene Zeichen. Bei diesen stimmt die Strichstärke mit dem unveränderten Text überein. Diese Zeichen erstellen Sie entweder über die Open-Type-Funktionen im Kontextmenü des Text-Fensters oder mit einem Zeichenformat, das Sie den entsprechenden Zeichen zuweisen.

Open-Type-Funktionen im Textfenster
Markieren Sie die entsprechende Ziffer und wählen Sie im Kontextmenü des Text-Fensters »OpenType > Hochgestellt/Tiefgestellt«.

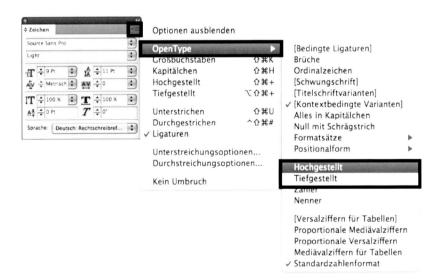

Open-Type-Funktionen im Zeichenformat
Erstellen Sie ein neues Zeichenformat und wählen Sie im Kontextmenü unter
»Grundlegende Zeichenformate > Position« den Punkt »OpenType-Hochstellung«
bzw. »OpenType-Tiefstellung«. Wenn Sie dieses Zeichenformat einer Ziffer zuweisen, wird diese hochgestellt oder tiefgestellt.

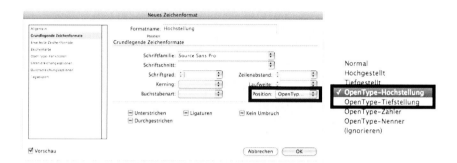

Künstliche Hochstellung
Strichstärke entspricht **nicht** der Maßeinheit.

Open-Type-Hochstellung
Strichstärke entspricht der Maßeinheit.

6.7 Zahlen

Wie Zahlen gegliedert und geschrieben werden, erfahren Sie in diesem Kapitel.

Telefon- und Faxnummern

Zur besseren Lesbarkeit werden Telefon- und Faxnummern gegliedert. Sie haben die Wahl, ob Sie sich bei der Art der Gliederung an die Empfehlungen aus dem Schriftsatz halten oder an die Empfehlung nach DIN 5008.

Schreibweisen im Schriftsatz

Damit die Ziffernblöcke nicht »auseinanderfallen«, werden diese im Schriftsatz nicht mit einem Leerzeichen, sondern mit einem kleinen Geviert-Zwischenraum gegliedert. Alternativ können Sie im Textfenster einen Kerningwert eingeben (Symbol: A̲V̲ ⇅ 130).

Dabei können Sie die folgenden Abstände (Werte) verwenden:

- Zwischen den Ziffern ein Sechstelgeviert (+160 Kerning) oder Achtelgeviert (+130 Kerning)
- Vor und nach dem Trennzeichen ein Achtelgeviert (+130 Kerning)
- Vor und nach dem Divis der Durchwahl ein Vierundzwanzigstelgeviert (+40 Kerning)

Auch gliedern die meisten Typografen Zifferngruppen nicht nach den aktuellen Empfehlungen der DIN 5008, sondern folgendermaßen:

Zweiergruppen und Dreiergruppen
Gliederung: Zweiergruppen von rechts nach links

07 11 / 5 68 41 45-68

Gliederung: Zweiergruppen von rechts nach links | alleinstehende Ziffern werden mit der nebenstehenden Zweiergruppe zu einer Dreiergruppe zusammengefasst | Ortskennzahl nicht gegliedert

0711 / 568 41 45-68

Gliederung: Dreiergruppen von rechts nach links | Ortskennzahl nicht gegliedert

0711 / 568 414-68

Gliederung nach »Klang«
Bei einprägsamen Zahlenkombinationen ist auch eine Gliederung nach »Klang« möglich. Betrachten Sie die folgenden Beispiele. Welche Variante lässt sich am besten merken?

11 22 5   1 12 25   112 25   11225

Internationale Nummern
Möchte eine Person aus dem Ausland nach Deutschland telefonieren, muss Sie zunächst nationale und internationale Verkehrsausscheidungsziffern (VAZ) wählen. In Deutschland handelt es sich dabei um die »00«. Da international unterschiedliche VAZs verwendet werden, setzt man vor die Länderkennung ein Pluszeichen ohne Leerzeichen. Bei Publikationen, die sowohl in Deutschland als auch im Ausland veröffentlicht werden, können Sie zusätzlich die 0 der Ortskennzahl in Klammern angeben (Abbildung u. rechts).

+49 / 711 / 568 41 45-68   +49 / (0)711 / 568 41 45-68

Schreibweisen nach DIN 5008*
Nach der DIN 5008 wird nur noch zwischen der Landesvorwahl, der Ortsvorwahl und der Anschlussnummer mit jeweils einem Leerzeichen gegliedert. Die Durchwahl wird ohne Leerraum mit einem Bindestrich an die Anschlussnummer angehängt.

National   *International*

0711 5684145-68   +49 711 568414-68

---

* Die DIN 5008 versteht sich als Empfehlung und ist **keine Pflicht!** Ich empfehle nach wie vor die Gliederung in Zweier- und Dreiergruppen. Diese Varianten sind einfach besser lesbar.

Bankverbindungen

Befindet sich die Bankverbindung auf einem Rechnungsbogen, der auch digital verschickt wird, empfehle ich Ihnen, diese nicht mit Zwischenräumen wie dem Sechstelgeviert oder Achtelgeviert zu gliedern. Möchte der Rechnungsempfänger die Bankverbindung nämlich per »Copy and Paste« in das Online-Banking-Formular übertragen, werden diese Zwischenräume ebenfalls eingefügt.

Verwenden Sie stattdessen die Kerning-Funktion von InDesign. Müssen Sie viele Bankverbindungen gliedern, können Sie auch ein Zeichenformat mit einer Laufweite von +160 anlegen. Dieses weisen Sie immer der Ziffer zu, nach der gegliedert werden soll. Versehen Sie dieses Zeichenformat zusätzlich mit einem Tastenkürzel, können Sie viel Zeit sparen.

IBAN (International Banking Account Number)
Gliederung: Von links nach rechts in Vierergruppen inklusive Buchstaben
Zwischenräume: Sechstelgeviert (+160 Kerning) oder Achtelgeviert (+130 Kerning)

DE22 7890 6729 5672 8027 45

BIC (SWIFT)
Gliederung: Keine

GENODEM1GLS

Postleitzahlen
Gliederung: Keine

70185 Stuttgart

Postfachnummern

Gliederung: Von rechts nach links in Zweiergruppen
Zwischenräume: Sechstelgeviert oder Achtelgeviert

7 43 32

Allgemeine Zahlen

Gliederung: Von rechts nach links in Dreiergruppen (ab fünfstelligen Zahlen)
Zwischenräume: Zwischen Ziffern ein Achtelgeviert | zwischen Zahl und Maßeinheit ein Sechstelgeviert

20 000 km

Geldbeträge

Gliederung: Von rechts nach links in Dreiergruppen
Zwischenräume: Zwischen den Ziffern Punkte | zwischen Zahl und Währungseinheit ein Sechstelgeviert

56.000.000 Euro

Bei runden Geldbeträgen kann hinter dem Betrag ein Komma und als Auslassungszeichen für die fehlenden Nachkommastellen ein Gedankenstrich gesetzt werden.

€ 150,–

Datum

Auch beim Datum können Sie sich entweder am professionellen Schriftsatz oder an der DIN 5008 orientieren.

Schreibweisen im Schriftsatz
Im professionellen Schriftsatz sind die folgenden Schreibweisen üblich:

Numerische Schreibweise
Gliederungszeichen: Punkte
Zwischenräume: Keine
Einstellige Ziffern werden **ohne** führende Nullen geschrieben.

> 4.6.2015

Hinweis: Einige Typografen setzen nach dem Punkt jeweils einen kleinen Zwischenraum (Achtelgeviert). Ich bin jedoch der Ansicht, dass diese Schreibweise irritiert, da sie eher unüblich ist.

Numerische Schreibweise im Tabellensatz
Gliederungszeichen: Punkte
Zwischenräume: Keine
Einstellige Ziffern werden **mit** führender Null geschrieben.

> 04.06.2015
> 12.08.2015

Alphanumerische Schreibweise
Gliederungszeichen: Punkt nach Tagesangabe
Zwischenräume: Geschütztes Leerzeichen vor und nach der Monatsangabe
Einstellige Ziffern werden **ohne** führende Null geschrieben.

> 4. Juni 2015

Schreibweisen nach DIN 5008*
Nach der DIN 5008 kann das Datum auf drei Arten geschrieben werden:

Numerische Schreibweise mit Divis
Gliederungszeichen: Divise
Besonderheit: Das Datum wird absteigend geschrieben (Jahr-Monat-Tag).
Einstellige Ziffern werden **mit** führender Null geschrieben.

2015-04-06 (Jahr-Monat-Tag)

Numerische Schreibweise mit Punkt
Gliederungszeichen: Punkte
Zwischenräume: Keine
Einstellige Ziffern werden **mit** führender Null geschrieben.

04.06.2015

Alphanumerische Schreibweise
Gliederungszeichen: Punkt nach Tagesangabe
Zwischenräume: Leerzeichen vor und nach der Monatsangabe
Einstellige Ziffern werden **ohne** führende Null geschrieben.

4. Juni 2015

---

* Die DIN 5008 versteht sich als Empfehlung und ist **keine Pflicht!**

Zeitangaben

Zeiten können Sie entweder nach den Empfehlungen des Schriftsatzes oder den Empfehlungen der DIN 5008 angeben.

Schreibweisen im Schriftsatz
Gliederungszeichen: Punkte oder Doppelpunkte
Zwischenraum: Geschütztes Leerzeichen nach der Zeitangabe

Einstellige Minutenangaben werden **mit** einer führenden Null geschrieben.
Einstellige Stundenangaben werden **ohne** eine führende Null geschrieben.

5.05 Uhr
8:05 Uhr

Zeitangaben in Stunden, Minuten und Sekunden sollten immer zweistellig erfolgen und werden demnach **mit** einer führenden Null geschrieben.

Zielzeit: 03:02:45

Schreibweisen nach DIN 5008
Gliederungszeichen: Doppelpunkte
Zwischenraum: Geschütztes Leerzeichen nach der Uhrzeit

Zeitangaben in Stunden und Minuten sowie Zeitangaben in Stunden, Minuten und Sekunden sollten immer zweistellig erfolgen und werden demnach **mit** einer führenden Null geschrieben.

08:05 Uhr   Zielzeit: 03:02:45

Werden nur Stunden angegeben, schreibt man diese jedoch **ohne** führende Null.

8 Uhr

Einsatz von Versalziffern

Versalziffern sind in der Regel genauso groß wie die Versalien der entsprechenden Schrift. Dabei unterscheidet man zwischen proportionalen Ziffern und Tabellenziffern. Die Versalziffern erreichen Sie über die Open-Type-Funktionen (siehe hochgestellte- und tiefgestellte Zeichen ab *Seite 148*).

Proportionale Ziffern
Proportionale Ziffern haben nicht dieselbe Breite. So ist eine 1 schmaler als eine 5.

34.121 €
16.808 €

Tabellenziffern
Tabellenziffern haben immer dieselbe Breite, damit Sie im Tabellensatz exakt untereinander stehen.

34.121 €
16.808 €

Einsatz von Mediävalziffern

Mediävalziffern (auch »oldstyle figures« genannt) sind Ziffern mit unterschiedlichen Höhen und Positionen. Dabei ragen einige Ziffern unter die Grundlinie, andere orientieren sich bezüglich ihrer Höhe an den Kleinbuchstaben. Durch diesen Wechsel von »großen« und »kleinen« Ziffern fügen sich Mediävalziffern besser in das Satzbild und eignen sich besonders für Fließtexte.

Die Stadt hat 14 500 Einwohner.

6.8 Kapitälchen

Beim Kapitälchen-Satz bestehen die Kleinbuchstaben aus verkleinerten Großbuchstaben. Gut ausgebaute Schriften besitzen dafür einen eigenen Schriftschnitt.

Echte Kapitälchen
Bei echten Kapitälchen haben die verkleinerten Großbuchstaben dieselbe Strichstärke wie die »normalen« Großbuchstaben. Bei falschen Kapitälchen unterscheiden sich die Strichstärken.

Echte Kapitälchen

BLINDTEXT

Falsche Kapitälchen

BLINDTEXT

6.9 Einheitlichkeit

Achten Sie bei Satzzeichen, mathematischen Sonderzeichen und Einheiten auf eine durchgängige Schreibweise.

Einheitliche Schreibweise

Verwenden Sie im Text das Euro-Zeichen (€), sollten Sie dabei bleiben und nicht zwei Zeilen später »Euro« schreiben. Dies gilt auch für Satzzeichen (Anführungszeichen und Guillemets nicht mischen), mathematische Sonderzeichen und Einheiten.

Nicht gut

Der Blindtext kaufte ein neues Versal für **5 Euro**.
Auch bei den Ligaturen für **3 €** griff er zu.

Besser

Der Blindtext kaufte ein neues Versal für **5 Euro**.
Auch bei den Ligaturen für **3 Euro** griff er zu.

6.10 Feintuning

Bei hochwertigen Drucksachen sollten Sie sich auch um das Feintuning kümmern.

Gegebenenfalls Wörter in Versalien (Großbuchstaben) im Fließtext kleiner setzen und Laufweite erhöhen

Abkürzungen und Markennamen werden gelegentlich in Versalien geschrieben. Damit der Lesefluss nicht zu sehr gestört wird, können Sie diese Wörter 3–8 % kleiner als den übrigen Text setzen. Zusätzlich müssen Sie deren Laufweite etwas erhöhen. Richtwerte bei der Laufweite sind 20–70 Einheiten.

Die passenden Werte hängen jedoch von der verwendeten Schriftart ab.

Einschränkung: Beachten Sie die Proportionen der Schrift. Hat eine Schrift kleine Versalien und große Minuskeln (Kleinbuchstaben), ist eine Korrektur unter Umständen nicht notwendig.

Etwas zu groß
Fließtext und Versalien: Schriftgröße 12 pt, Laufweite 0 Einheiten

> Sie wohnen in BUCHSTABHAUSEN an der Küste des Semantik, eines großen Sprachozeans.

Besser
Fließtext: Schriftgröße 12 pt, Laufweite 0 Einheiten
Versalien: Schriftgröße 11,5 pt, Laufweite 30 Einheiten

> Sie wohnen in BUCHSTABHAUSEN an der Küste des Semantik, eines großen Sprachozeans.

Überschriften ausgleichen

Überprüfen Sie bei großen Überschriften, ob die Abstände zwischen den einzelnen Zeichen ausgeglichen sind. Ein gutes Beispiel ist das Wort »Toll«. Damit die Buchstabenabstände einheitlich wirken, muss der Raum zwischen »T« und »o« verkleinert werden (bei guten Schriften sind kritische Buchstabenkombinationen bereits ausgeglichen).

Nicht gut   **Besser**

Die Zwischenräume der einzelnen Buchstaben können Sie automatisch und manuell verbessern.

Manuelle Methode

Klicken Sie zwischen zwei Buchstaben und vergrößern/verkleinern Sie den Kerning-Wert im Textfenster.

Automatische Methode (optisches Kerning)

Speziell bei qualitativ minderwertigen Schriften erreichen Sie häufig eine enorme Verbesserung, wenn Sie das Kerning von »Metrisch« auf »Optisch« umstellen. Markieren Sie dazu den kompletten Textabschnitt und ändern Sie im Textfenster das Kerning auf »Optisch«. Nun analysiert InDesign das Schriftbild und versucht die Abstände zwischen den Buchstaben zu verbessern. Arbeiten Sie in Ihrem Dokument mit Absatzformaten, können Sie das Kerning auch dort umstellen.

Ziffern ausgleichen (Problemziffer 1)

Je nachdem wie professionell eine Schrift erstellt wurde, müssen Sie bestimmte Ziffernkombinationen manuell ausgleichen. Bedingt durch ihre Form, kommt es besonders bei der Ziffer 1 häufig vor, dass der umliegende Raum zu groß wirkt. Wie in den vorherigen Textabschnitten beschrieben, gleichen Sie Ziffern mit der Kerning-Funktion in InDesign aus.

Druck-PDF

In den meisten Fällen möchte die Druckerei von Ihnen ein druckfähiges PDF. Was Sie dabei beachten müssen, erfahren Sie im folgenden Kapitel.

7.1 Export als PDF/X

Der große Vorteil von PDF-Dokumenten ist, dass es sich um ein geschlossenes Dateiformat handelt (Containerformat). Schriften, Bilder, Grafiken und Farben sind eingebettet und werden auf allen Plattformen gleichermaßen dargestellt. Deshalb bevorzugen die meisten Druckereien ein PDF mit PDF/X-Standard.

Was ist der PDF/X-Standard?

Üblich sind die PDF/X-Standards PDF/X-1a, PDF/X-3 und PDF/X-4. Die unterschiedlichen PDF/X-Standards geben vor, wie Bilddaten, Schriften, Farben und Transparenzen im PDF »gespeichert« werden. Ziel der Standards sind PDF-Dateien, die von Druckereien fehlerfrei verarbeitet werden können.

Wichtig: Die PDF/X-Standards bilden dabei nur die absolute Grundvoraussetzung für druckfähige PDFs. Wichtige Punkte wie Bildauflösung, Farbaufbau, Farbauftrag, Überdrucken und Aussparen müssen Sie selbst kontrollieren.

Welchen PDF/X-Standard soll ich wählen?

Erkundigen Sie sich bei Ihrer Druckerei, welcher Standard gewünscht ist. Lassen Sie sich dabei nicht vom Erscheinungsdatum des jeweiligen Standards irritieren. Auch vermeintlich alte Standards haben nach wie vor ihre Berechtigung und werden von vielen Druckereien gefordert.

Bekommen Sie keine Auskunft, verwenden Sie den Standard PDF/X-1a.

Step 1: InDesign-Farbeinstellungen kontrollieren/anpassen
Prüfen Sie zunächst, ob Sie die InDesign-Farbeinstellungen wie auf *Seite 10* eingestellt haben. Danach schließen und öffnen Sie das Dokument. Erscheinen Farbprofilwarnungen, nehmen Sie die Einstellungen wie auf *Seite 34* vor.

Step 2: Dokument als PDF exportieren
Unter »Menü > Datei > Exportieren« wählen Sie das »Adobe PDF (Druck)« aus, bestimmen den korrekten Zielort und klicken auf »Sichern«.

Step 3: Adobe PDF-Vorgabe auswählen
Unter »Adobe PDF-Vorgabe« wählen Sie entweder »PDFX1a 2001«, »PDFX3 2002«, »PDFX4 2007« oder »PDFX4 2008« aus. Die korrekte PDF-Vorgabe erfahren Sie von der ausführenden Druckerei.

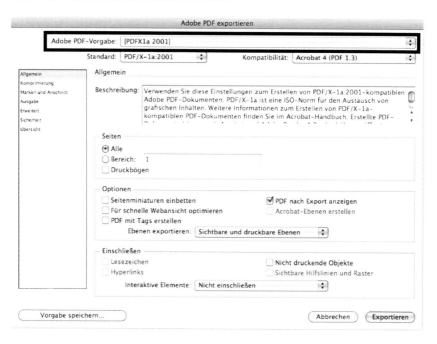

Step 4: Fenster »Allgemein« – Einzelseiten oder Druckbögen
Mehrseitige Drucksachen mit Rückstichheftung, Fadenheftung oder Klebebindung benötigt die Druckerei als Einzelseiten-PDF. Andernfalls kann sie Ihr PDF nicht verarbeiten. Zweiseitige Flyer oder mehrseitig gefalzte Flyer exportieren Sie hingegen als Druckbogen.

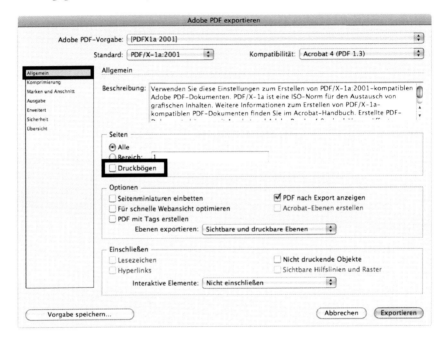

Step 5: Fenster »Komprimierung« – Bildauflösung ggf. ändern
Haben Sie bei Step 2 eine entsprechende PDF-Vorgabe ausgewählt, sind die Einstellungen unter dem Punkt »Komprimierung« für nahezu alle Anwendungen ausreichend **(Ausnahmen siehe rechte Seite)**. Beträgt die Auflösung von Farb- und Graustufenbilder mehr als 450 ppi, werden diese auf 300 ppi reduziert. Einfarbige Strichgrafiken (Bitmaps) benötigen eine deutlich höhere Auflösung und werden erst ab 1800 ppi auf 1200 ppi reduziert.

Nur bei besonders hochwertigen Printprodukten, die mit einem feinen Raster gedruckt werden, macht es Sinn die Auflösung anzuheben. Sprechen Sie diesbezüglich bitte mit Ihrer Druckerei. Beträgt die optimale Bildauflösung 400 ppi, stellen Sie die »Bikubische Neuberechnung« auf 400 Pixel pro Zoll bei Bildern mit mehr als 600 Pixel pro Zoll.

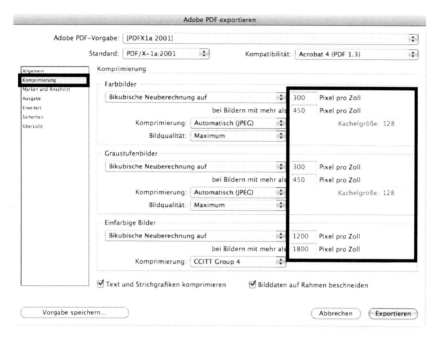

Ausnahme: Screenshots und Motive mit weniger als 265 Farben
Beinhaltet Ihr Dokument Screenshots oder andere Motive mit weniger als 265 Farben, sollten Sie auf die JPEG-Komprimierung verzichten. Diese kann zu unschönen JPEG-Artefakten* führen. Verwenden Sie beim Punkt »Komprimierung« stattdessen die Einstellung »Zip«. Haben einige dieser Motive in Ihrem Dokument eine Auflösung von mehr als 450 ppi? Dann deaktivieren Sie bitte zusätzlich die »Bikubische Neuberechnung«.

Ausnahmen: Grafiken, Logos und Schriftzüge
Grafiken, Logos und Schriftzüge sollten Sie nie als Pixelbild einfügen. Liegen Ihnen keine anderen Daten vor, muss deren effektive Auflösung in InDesign mindestens 600 ppi betragen. Damit die Auflösung beim PDF-Export nicht auf 300 ppi reduziert wird, deaktivieren Sie auch hier bitte die »Bikubische Neuberechnung«. Die »Komprimierung« stellen Sie wie bei den Screenshots auf »Zip«.

---

* Bildstörungen aufgrund einer verlustbehafteten JPEG-Komprimierung.

Step 6: Fenster »Marken und Anschnitt«
Die meisten Druckereien wünschen sich ein PDF komplett ohne Marken oder nur mit Schnittmarken. Ist noch ungewiss, bei welcher Druckerei gedruckt wird, aktivieren Sie nur die Schnittmarken.

Art: Standard
Stärke: 0,25 pt
Versatz: Verwenden Sie hier den Wert des Anschnitts.
Anschnitt: Beim Beschnitt/Anschnitt sind 2–3 mm üblich. Den genauen Wert bekommen Sie von Ihrer Druckerei.

Den Infobereich müssen Sie nur aktivieren, falls Sie manuell angelegte Falzmarken außerhalb der Arbeitsfläche exportieren möchten (siehe *Seite 96*).

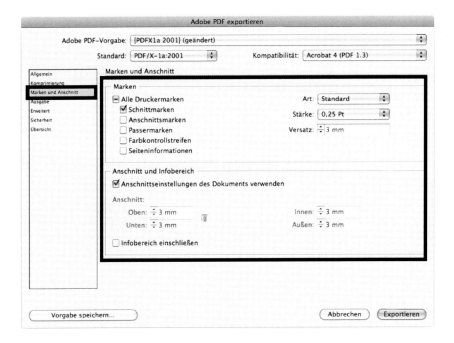

Step 7: Fenster »Ausgabe« – Farben konvertieren/belassen

Unter dem Punkt »Ausgabe« bestimmen Sie, ob InDesign beim PDF-Export Farben nach CMYK konvertieren soll oder diese unverändert lässt. Im Folgenden bekommen Sie einen kurzen Überblick über beide Methoden.

RGB- und LAB-Farben nach CMYK konvertieren

Haben Sie die PDF/X-1a-Vorgabe gewählt, ist unter »Farbkonvertierung« automatisch der Punkt »In Zielprofil konvertieren (Werte beibehalten)« aktiviert. Das heißt, InDesign wandelt alle Texte, Grafiken und Bilder die nicht im Druckfarbraum CMYK vorliegen nach CMYK um. Dazu gehören Objekte in den Farbräumen RGB oder LAB.

CMYK-Bilder bleiben dabei unangetastet. Prüfen Sie deshalb, ob diese im korrekten Farbprofil vorliegen (siehe ab *Seite 52*). Bitte prüfen Sie auch den maximalen Farbauftrag der CMYK-Bilder. Verwenden Sie dazu die Separationsvorschau von InDesign (siehe *Seite 75*), Acrobat (siehe *Seite 180*) oder den Acrobat Preflight (siehe *Seite 181*).

Unter »Ziel« wählen Sie bitte ein Farbprofil, das zum verwendeten Druckverfahren und Papiertyp passt (mehr Infos ab *Seite 46*).

Durch die Einstellung im Feld »Name des Ausgabemethodenprofils« erkennt die Druckerei, mit welchem Farbprofil die Druckdaten erstellt wurden. Hier wird automatisch das Profil hinterlegt, welches Sie im Auswahlfeld »Ziel« eingetragen haben.

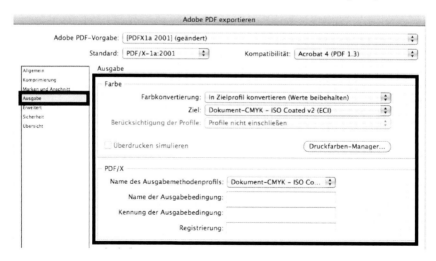

Anmerkung: Bei den PDF-Vorgaben PDF/X-3 und PDF/X-4 ist die Farbkonvertierung standardmäßig deaktiviert. Nichts desto trotz können Sie auch bei diesen Standards Bilder beim PDF-Export nach CMYK wandeln. Stellen Sie dazu den Punkt »Farbkonvertierung« auf »In Zielprofil konvertieren (Werte beibehalten)« und wählen Sie unter »Ziel« das passende Farbprofil.

Keine Farbkonvertierung
Bei den PDF-Vorgaben PDF/X-3 und PDF/X-4 ist die Farbkonvertierung zunächst deaktiviert. Texte, Grafiken und Bilder bleiben also farblich unangetastet. Achten Sie deshalb unbedingt darauf, dass sich in Ihrem Dokument keine RGB-Farben mehr befinden. Andernfalls werden diese unverändert in das PDF übertragen.

Auch wenn Sie die Farben nicht konvertieren, wählen Sie im Feld »Name des Ausgabemethodenprofils« das Profil, mit dem Sie Ihre Bilder in Photoshop konvertiert haben. So kann die Druckerei erkennen, mit welchem Farbprofil Ihre Bilddaten konvertiert wurden.

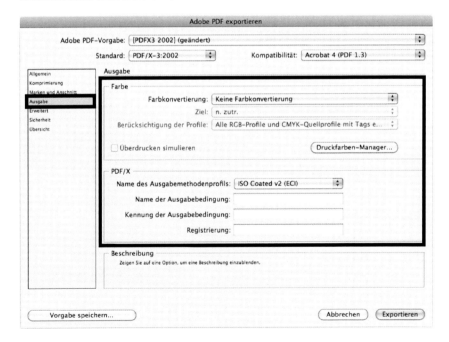

Step 8: Fenster »Erweitert« – Schriften einbetten
Standardmäßig werden beim PDF-Export aus InDesign nur die Zeichen eingebettet, die im Dokument vorkommen (Einstellung 100 %). Betten Sie besser den kompletten Zeichensatz der verwendeten Schriften ein, so kann die Druckerei im Notfall kleine Textkorrekturen direkt im PDF ausführen.

Stellen Sie den Wert auf 0 %, dann werden alle Zeichen der verwendeten Schriften eingebettet.

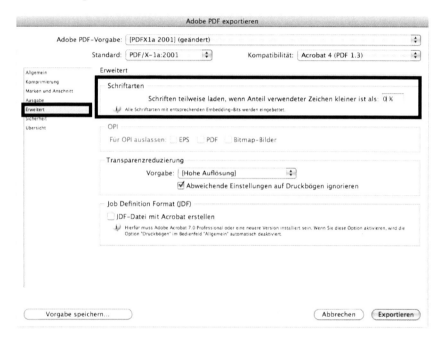

Step 9: Fenster »Erweitert« – Transparenzreduzierung

Wenn Sie ein PDF/X-4 exportieren ist dieser Punkt ausgegraut, da keine Transparenzen reduziert werden.

Beim PDF/X-1a und PDF/X-3 muss die Transparenzreduzierung auf »[Hohe Auflösung]« stehen. Es sei denn, Sie arbeiten mit einer eigenen Einstellung, die Texte in Pfade umwandelt (siehe *Seite 81*). Dann wählen Sie bitte diese aus.

Setzen Sie zusätzlich einen Haken bei »Abweichende Einstellungen auf Druckbögen ignorieren«. Somit stellen Sie sicher, dass auch wirklich alle Seiten mit Ihrer ausgewählten Vorgabe reduziert werden.

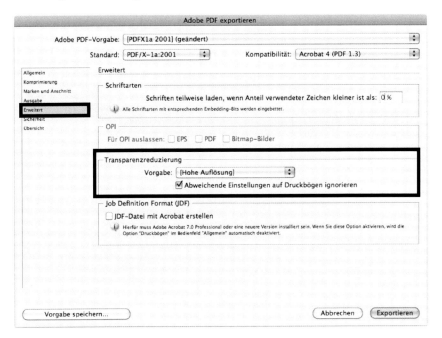

Step 10: Fenster »Sicherheit« – Deaktiviert
Bei den PDF/X Vorgaben X-1a, X-3 und X-4 sind die Einstellungen im Fenster »Sicherheit« automatisch deaktiviert. Und das sollte auch so bleiben.

Step 11: Einstellungen als Vorgabe speichern
Damit Sie nicht jedes Mal aufs Neue die Einstellungen vornehmen müssen, können Sie diese als »Vorgabe« speichern. Die Funktion finden Sie unten links im Fenster.

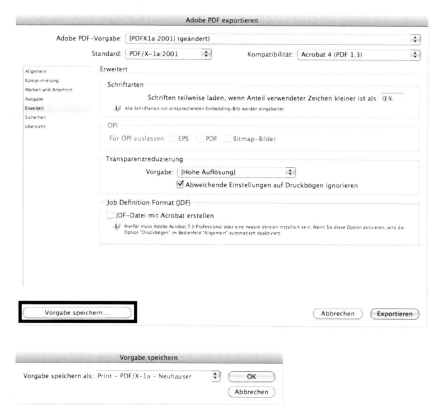

7.2 PDF mit Acrobat kontrollieren

Obwohl Sie bereits einige der folgenden Punkte in InDesign kontrolliert haben, ist es empfehlenswert, diese nochmals in Acrobat zu prüfen. Sicher ist sicher!

Schriften eingebettet (Datei > Eigenschaften)
Öffnen Sie das Fenster Dokumenteigenschaften unter »Datei > Eigenschaften«. Prüfen Sie unter dem Punkt »Schriften«, ob diese komplett oder als Untergruppe eingebettet wurde. Untergruppe bedeutet, dass nur die Zeichen eingebettet wurden, die auch tatsächlich im PDF vorkommen. Beide Fälle sind in Ordnung.

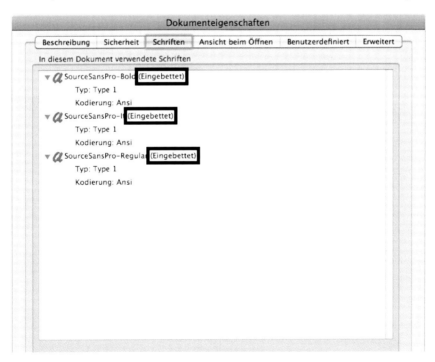

Einzelseiten oder Druckbögen

Wie im vorherigen Kapitel beschrieben, benötigt die Druckerei bei mehrseitigen Drucksachen mit Rückstichheftung, Fadenheftung oder Klebebindung die Druckdaten als Einzelseiten-PDF. Zweiseitige Flyer oder mehrseitig gefalzte Flyer exportieren Sie hingegen als Druckbogen.

Seitenformat prüfen

Das tatsächliche Seitenformat ohne Beschnittzugabe können Sie sich über einen kleinen Umweg anzeigen lassen. In der Werkzeugpalette finden Sie unter »Druckproduktion« die Funktion »Seitenrahmen festlegen«. Hier wählen Sie den »Endformat-Rahmen« mit der Einheit »Millimeter« aus. Anschließend erscheint unterhalb der Seitenansicht die »Größe des Endformatrahmens«.

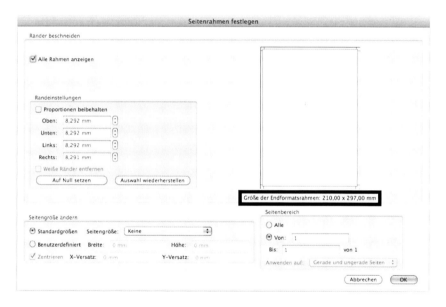

Seitenanzahl prüfen

Kontrollieren Sie nochmals, ob die Seitenzahl stimmt.

Beschnitt prüfen

Anhand der eingeblendeten Hilfslinien für Objekt-, Endformat- und Anschnitt-Rahmen (siehe *Seite 23*) prüfen Sie nun, ob der Beschnitt korrekt angelegt wurde. Je nach Vorgabe der Druckerei muss das PDF auch Schnittmarken enthalten.

PDF mit Schnittmarken

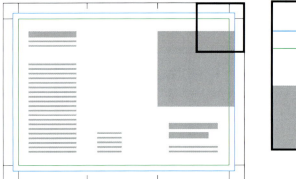
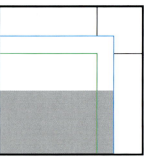

PDF ohne Schnittmarken

Falzmarken prüfen

Haben Sie ein PDF mit Falzmarken angelegt, prüfen Sie bitte nochmals die korrekten Seitenbreiten mit dem Messwerkzeug. Das Messwerkzeug finden Sie bei den Werkzeugen unter Analyse.

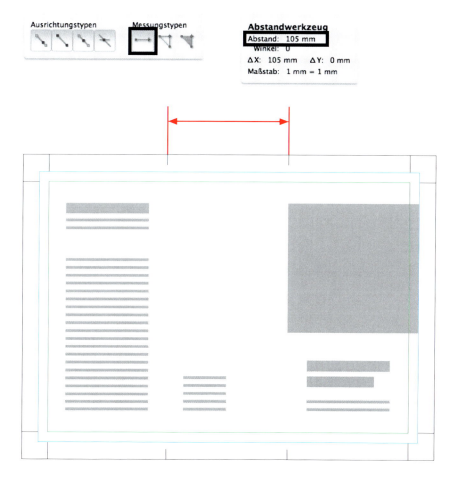

Ausgabevorschau anwenden

Die Ausgabevorschau in Acrobat ist das Pendant zur Separationsvorschau von InDesign. Bei beiden Varianten können Sie die Farbauszüge/Farbkanäle überprüfen. Die Ausgabevorschau in Acrobat bietet jedoch noch weitere Funktionen. Sie finden diese bei den Werkzeugen unter »Druckproduktion«.

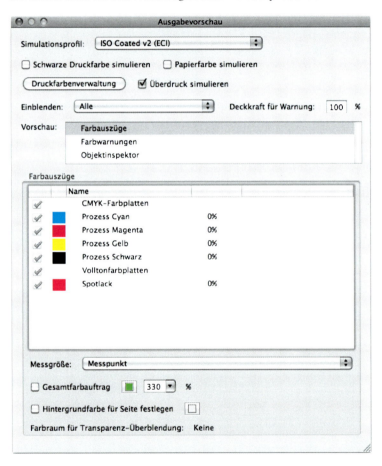

Feine schwarze Elemente überdrucken und sind einfarbig

Blenden Sie den Farbkanal »Prozess Schwarz« ein und aus. Prüfen Sie, ob schwarze Elemente aus reinem Schwarz bestehen und den Untergrund überdrucken.
Mehr Infos siehe Seite 72.

Sonderfarben sind korrekt angelegt

Falls Ihr Dokument Sonderfarben enthält, prüfen Sie, ob diese korrekt angelegt und zugewiesen wurden. Blenden Sie dazu das Volltonfarbfeld ein und aus.
Mehr Infos siehe Seite 66.

Veredelungen stehen auf Überdrucken

Prüfen Sie, ob die mit einer Sonderfarbe angelegten Veredelungen den Hintergrund überdrucken. Blenden Sie dazu das Volltonfarbfeld ein und aus.
Mehr Infos siehe Seite 74.

Dokument enthält nur CMYK-Farben

Ob Ihr Dokument nur CMYK-Farben enthält, erfahren Sie, wenn Sie in der Ausgabevorschau unter »Einblenden« den Punkt »Nicht-DeviceCMYK« auswählen. Alle Elemente, die nun dargestellt werden, sind nicht im CMYK-Farbraum angelegt. Schneller geht es mit dem Acrobat-Preflight *(siehe Folgeseiten)*.

Farbauftrag nicht zu hoch

Ob der Farbauftrag den von der Druckerei angegebenen Wert übersteigt, können Sie sich ebenfalls mit der Separationsvorschau anzeigen lassen. Haben Sie den Haken bei Gesamtfarbauftrag gesetzt, werden alle Objekte markiert, die den nebenstehenden Prozentwert übersteigen. Damit Sie nicht alle Seiten manuell prüfen müssen, können Sie dies auch mit dem Acrobat-Preflight erledigen *(siehe Folgeseiten)*.

Versehentlich vektorisierte Schrift erkennen

Wie auf *Seite 76* beschrieben, kann es im Zusammenhang mit Transparenzen passieren, dass Texte ungewollt in Pfade umgewandelt werden. Erkennen können Sie solche Texte, indem Sie in der Ausgabevorschau unter »Einblenden« den Punkt »Bilder« auswählen.

Die Textbereiche in der rechten Abbildung wurden beim PDF-Export in Pfade umgewandelt. Legen Sie Objekte mit Transparenzen in InDesign immer hinter den Text.

Acrobat Preflight starten

Wie ab *Seite 24* beschrieben, haben Sie bereits den Acrobat Preflight eingerichtet. Folgendermaßen können Sie Ihr Dokument mit den hinterlegten Prüfregeln kontrollieren:

1 Öffnen Sie das Preflight-Fenster unter »Werkzeuge > Druckproduktion«.
2 Wählen Sie ein Preflight-Profil von PDFX-ready aus, das zum späteren Druckverfahren und gewünschten PDF/X-Standard passt und klicken Sie auf »Prüfen«.

3 Nun bekommen Sie ein Ergebnisprotokoll mit den folgenden Symbolen: Fehlermeldungen, Warnungen und Hinweisen

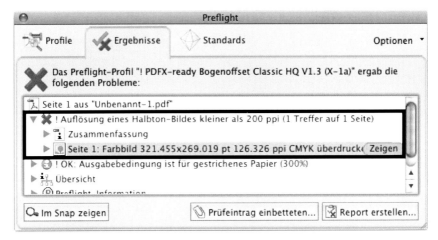

In unserem Beispiel ist die Bildauflösung eines Motives geringer als im Prüfprofil hinterlegt. Deswegen sehen Sie die Fehlermeldung »! Auflösung eines Halbton-Bildes kleiner als 200 ppi*«. Eine Übersicht der betroffenen Motive bekommen Sie nach einem Klick auf die Warnmeldung. Klicken Sie auf »Zeigen«, springt Acrobat direkt zum entsprechenden Motiv.

4 Bitte korrigieren Sie auftretende Fehler immer in der InDesign-Datei und nicht in Acrobat.

---

* Die Auflösung von digitalen Bildern wird mit »ppi (pixels per inch)« bezeichnet. Die Auflösung von Drucksystemen mit »dpi (dots per inch)«.

Altes PDF und finales Druck-PDF abgleichen

Während der Vorbereitung haben Sie bereits ein PDF vom Stand vor der Reinzeichnung geschrieben (siehe *Seite 31*). Nun gilt es, das neue PDF mit dem alten Stand zu vergleichen. Nicht selten schleichen sich während der Reinzeichnung Fehler ein. Dies ist natürlich nicht Sinn und Zweck einer Reinzeichnung.

1 Öffnen Sie das alte PDF und das finale Druck-PDF.
2 Handelt es sich um ein mehrseitiges Dokument, aktivieren Sie unter »Anzeige > Seitenanzeige« die »Zweiseitenansicht«. Dadurch reduzieren Sie den Zeitaufwand beim späteren Seitenvergleich.

3 Legen Sie die Fenster beider Dokumente exakt übereinander und achten Sie auf eine einheitliche Zoomstufe.

4 Wechseln Sie mit der Tastenkombination »cmd + >« (Windows: strg + tab) zwischen den Fenstern hin und her. Wie bei einem Daumenkino werden Unterschiede zwischen den Dokumenten sofort ersichtlich.
5 Haben Sie eine (Doppel-)Seite geprüft, springen Sie mit den Pfeiltasten zur nächsten Seite und wiederholen Sie den Abgleich.

Checklisten

*Die folgenden Checklisten zur Reinzeichnung können
Sie entweder kopieren oder ganz bequem von meiner
Webseite als PDF herunterladen (siehe Seite 8).*

8.1 Projektvorbereitung

Informationen einholen

Firmenintern

☐	Wurde das Dokument inhaltlich und grafisch geprüft?	28
☐	Wird ein Farbproof benötigt?	28
☐	Wird ein Formproof/Korrekturabzug geliefert?	28

Von der Druckerei

☐	PDF/X-Standard des Druck-PDFs	29
☐	Farbprofil für die Bilddaten	29
☐	Maximaler Farbauftrag	29
☐	Benötigte Beschnittzugabe und Schnittmarken	29
☐	Erster sichtbar druckender Tonwert	30
☐	Optimale Bildauflösung	30

Vergleichs-PDF und Sicherungskopie

☐	PDF vom aktuellen Stand schreiben	31
☐	Sicherungskopie anlegen	31

8.2 Technische Grundlagen

Punkte, die in der folgenden Liste mit einem ⓟ gekennzeichnet wurden, können Sie vom InDesign-Preflight automatisch prüfen lassen. Mehr Informationen ab *Seite 13* und *Seite 85*.

Dokument

☐	Profilwarnungen beachten		34
☐	Format, Seitenanzahl, Beschnitt und Infobereich prüfen		35

Schriften

☐	Fehlende Schriften aktivieren		37
☐	Falsche Schriften ersetzen		38
☐	Schriftgrößen nicht kleiner als 5 pt	ⓟ	39

Vorsicht bei bunten/hellen Schriften mit kleiner Schriftgröße. Sägezahneffekt!
Mehr Infos im Kapitel Linien ab *Seite 67*.

Verknüpfungen

- [ ] Verknüpfungen erneuern/aktualisieren — 40
- [ ] Layoutbilder durch bearbeitete Bilder ersetzen — 41
- [ ] Korrektes Dateiformat prüfen — 41
- [ ] Platzierte PDF-Dokumente prüfen — 41
- [ ] Auflösung prüfen ⓟ — 42
- [ ] Farbraum prüfen ⓟ — 45
- [ ] Bilder auf Verzerrung prüfen ⓟ — 45
- [ ] Bildhintergrund bei Freistellern prüfen — 45

Farbprofile

RGB-Bilder

- [ ] Step 1: Prüfen, ob ein Profil eingebettet wurde — 48
- [ ] Step 2: Evtl. fehlendes Profil herausfinden und zuweisen — 49
- [ ] Step 3: Bilder mit eingeschaltetem Softproof bearbeiten — 50
- [ ] Step 4: RGB-Bilder in ein CMYK-Farbprofil umwandeln — 51
- [ ] Alternative zu Step 4: CMYK-Umwandlung beim PDF-Export — 51

CMYK-Bilder

- [ ] Step 1: Prüfen, ob ein Profil eingebettet wurde — 52
- [ ] Step 2: Evtl. fehlendes Profil herausfinden und zuweisen — 52
- [ ] Step 3: CMYK-Bilder mit falschem Profil umwandeln — 54
- [ ] Step 4: Bilder bearbeiten — 56

Graustufen-Bilder

- [ ] Step 1: Prüfen, ob ein Profil eingebettet wurde — 57
- [ ] Step 2: Evtl. fehlendes Profil herausfinden und zuweisen — 57
- [ ] Step 3: Graustufen-Bilder mit falschem Profil umwandeln — 58

Vektorgrafiken

- [ ] Überlappende Flächen mit dem Pathfinder verrechnen — 60

Farbfelder

- [ ] Nicht verwendete Farbfelder löschen — 62
- [ ] Unbenannte Farben hinzufügen — 62
- [ ] Ähnliche Farben vereinheitlichen — 63
- [ ] Farbfelder auf RGB-Farben prüfen ⓟ — 64
- [ ] Dokument auf »Passermarken-Schwarz« prüfen ⓟ — 64
- [ ] Sonderfarben-Farbfeld korrekt anlegen — 65
- [ ] Prüfen, ob Sonderfarbe korrekt zugewiesen wurde — 66
- [ ] Farbwerte auf Richtigkeit prüfen (CD-Vorgaben beachten) — 66
- [ ] Tiefschwarz bei Bedarf anlegen — 66

Linien

- [ ] Linienstärke prüfen   (P)   67

Vorsicht bei feinen bunten/hellen Linien. Sägezahneffekt!
Mehr Infos im Kapitel Linien ab *Seite 67*.

Hinweis zum Preflight ((P)): Der Preflight kann lediglich die Linienstärke von Vektorobjekten prüfen. Linien in Pixelgrafiken werden nicht geprüft.

Separationsvorschau

- [ ] Weiße Elemente dürfen NICHT überdrucken   (P)   71
- [ ] Feine schwarze Elemente auf farbigem Grund überdrucken   72
- [ ] Feine schwarze Elemente bestehen aus reinem Schwarz   73
- [ ] Überdrucken von Sonderfarben (z. B. Gold) absprechen   74
- [ ] Veredelungen und Stanzformen stehen auf Überdrucken   74
- [ ] Maximalen Farbauftrag prüfen   75

Reduzierungsvorschau für Transparenzen

- [ ] Reduzierungsvorschau anwenden   76
- [ ] Transparenzfüllfarbraum einstellen   (P)   77

Rand und Beschnitt

- [ ] Mindestabstand von Grafiken/Texten zum Seitenrand: 4 mm   (P)   78
- [ ] Beschnittzugabe bei randabfallenden Objekten   78

Verborgene Elemente

- [ ] Alle Textfenster vollständig aufziehen   (P)   79
- [ ] Ebenenfenster prüfen   79

Überfüllung und Unterfüllung (Trapping)

WICHTIG: Überlassen Sie Über- und Unterfüllungen der Druckerei, da die richtige Einstellung von vielen individuellen Druckparametern abhängig ist. Mehr Infos dazu siehe *Seite 80*.

Nur im Notfall: Schriften in Pfade umwandeln

Wandeln Sie Schriften nur dann in Pfade um, wenn es der Druckdienstleister ausdrücklich wünscht. Wie man Schriften in Pfade umwandelt lesen Sie ab *Seite 81*.

InDesign-Preflight starten

Wenn Sie den InDesign-Preflight verwenden und ihn wie ab *Seite 13* beschrieben konfiguriert haben, können Sie alle mit einem (P) gekennzeichneten Punkte prüfen lassen (siehe *Seite 85*).

8.3 Druck-PDF

Export als PDF/X

Wie man ein Druck-PDF schreibt, erfahren Sie ab *Seite 163*.

PDF mit Acrobat kontrollieren

☐	Schriften eingebettet (Datei > Eigenschaften)	174
☐	Einzelseiten oder Druckbögen	175
☐	Seitenformat prüfen	175
☐	Seitenanzahl prüfen	175
☐	Beschnitt prüfen	176
☐	Falzmarken prüfen	177
☐	Ausgabevorschau anwenden	178
	☐ Feine schwarze Elemente überdrucken und sind einfarbig	179
	☐ Sonderfarben sind korrekt angelegt	179
	☐ Veredelungen stehen auf Überdrucken	179
	☐ Dokument enthält nur CMYK-Farben	180
	☐ Farbauftrag nicht zu hoch	180
	☐ Versehentlich vektorisierte Schrift erkennen	180

Acrobat Preflight starten

Haben Sie den Acrobat Preflight wie ab *Seite 24* beschrieben konfiguriert, können Sie Ihr Dokument von diesem kontrollieren lassen. Mehr dazu ab *Seite 181*.

Altes PDF und finales Druck-PDF abgleichen

Mit einem kleinen Trick können Sie den Stand vor der Reinzeichnung, mit dem Stand nach der Reinzeichnung vergleichen. Mehr dazu auf *Seite 183*.

Freigabe einholen!

Sichern Sie sich ab! Holen Sie nach der Reinzeichnung die finale Freigabe des Kunden/Vorgesetzten ein.

8.4 Technische Spezialfälle

Veredelungen

☐	Step 1: Volltonfarbe (Sonderfarbe) für Veredelung anlegen	88
☐	Step 2: Veredelung auf neuer Ebene anlegen	89
☐	Step 3: Veredelung auf Überdrucken stellen	89
☐	Step 4: Überdrucken prüfen	90

Stanzformen

Eigene Stanzform anlegen

☐	Step 1: Volltonfarbe (Sonderfarbe) für die Stanzform anlegen	91
☐	Step 2: Stanzkontur auf neuer Ebene anlegen	92
☐	Step 3: Stanzform auf Überdrucken stellen	92
☐	Step 4: Überdrucken prüfen	93
☐	Step 5: Beschnitt berücksichtigen	93

Gelieferte Stanzform verwenden

☐	Step 1: Stanzform in InDesign platzieren (100 % Originalgröße)	94
☐	Step 2: Wurde die Stanzkontur mit einer Sonderfarbe angelegt und überdruckt?	94
☐	Step 3: Beschnitt berücksichtigen	94

Falzflyer

☐	Verkürzte Seiten bei Falzflyern berücksichtigen	95
☐	Falzmarken anlegen	96

Bücher

☐	Buchendformat und Buchrückenbreite anfordern	98
☐	Umschlag getrennt vom Inhalt anlegen	98
☐	Grafiken und Texte im Bund eventuell auseinanderrücken	100
☐	Angeklebtes Vorsatzpapier/Einband berücksichtigen	100

Ringbücher

☐	Dokument mit Einzelseiten anlegen (für Beschnitt im Bund)	102

Klammerheftungen mit hohem Umfang

☐	Bundzuwachs berücksichtigen	104

Fahrzeugbeklebungen

☐	Schriften in Pfade umwandeln (Illustrator)	110
☐	Linien in Flächen umwandeln (Illustrator)	111

8.5 Ordnung

Satzspiegel und Raster

- [ ] Musterseiten prüfen — 114
- [ ] Texte, Bilder und Grafiken im Satzspiegel — 115
- [ ] Grundlinienraster einhalten — 115
- [ ] Einheitliche Abstände verwenden — 115
- [ ] Bündigkeit beachten — 115

Dokument säubern

- [ ] Nicht verwendete Farben löschen — 116
- [ ] Farben selbsterklärend benennen — 117
- [ ] Nicht verwendete Formatvorlagen löschen — 118
- [ ] Formate selbsterklärend benennen — 118
- [ ] Leere Ebenen löschen — 119
- [ ] Ebenen selbsterklärend benennen — 119
- [ ] Elemente außerhalb der Zeichenfläche löschen — 119

8.6 Typografie

Für Punkte, die in der folgenden Liste mit einem ⓖ gekennzeichnet wurden, können Sie von meiner Webseite mit Ihren Zugangsdaten GREP-Suchfunktionen herunterladen. Mehr Infos auf *Seite 21*.

Formatierung

☐	Textelemente wurden einheitlich formatiert	122
☐	Stark verzerrten Text vermeiden	122
☐	Arbeit mit Formatvorlagen	123

Satzbild

☐	Spracheinstellung für Silbentrennung prüfen	124
☐	Nicht mehr als 3 Trennungen untereinander	125
☐	Trennungen nach Wortteilen bevorzugen	125
☐	Sinnentstellende Trennungen vermeiden	125
☐	Kurze Wörter nicht trennen	126
☐	Kein Gedankenstrich am Zeilenanfang	126
☐	Blocksatz: Lücken vermeiden	126
☐	Flattersatz: Keine Formbildung und »abstürzende« Wörter	127
☐	Erste oder letzte Zeile eines Absatzes steht nicht alleine	128
☐	Letztes Wort eines Absatzes sollte nicht alleine stehen	129
☐	Optischen Randausgleich aktivieren (optional)	130
☐	Optischen Randausgleich partiell deaktivieren	131

Zwischenräume

☐	1/24-Geviert bzw. Achtelgeviert vor und nach Schrägstrichen	ⓖ	136
☐	Achtelgeviert zwischen Abkürzungen	ⓖ	136
☐	Sechstelgeviert zwischen Zahl und Maßeinheit	ⓖ	137
☐	Doppelte/mehrfache Leerzeichen ersetzen	ⓖ	137
☐	Keine Leerzeichen am Zeilenanfang	ⓖ	137

Satzzeichen

Wurden die folgenden Satzzeichen typografisch korrekt gesetzt?

☐	Bindestrich		138
☐	Gedankenstrich	ⓖ	139
☐	Deutsche Anführungszeichen	ⓖ	140
☐	Guillemets	ⓖ	142
☐	Apostroph	ⓖ	142

☐	Auslassungspunkte (Ellipse)	Ⓖ	143
☐	Klammern innerhalb von Klammern		144
☐	Auszeichnung von Satzzeichen		144

Mathematische Sonderzeichen
Wurden die folgenden Sonderzeichen typografisch korrekt gesetzt?

☐	Malzeichen	Ⓖ	145
☐	Geteiltzeichen		145
☐	Pluszeichen		146
☐	Minuszeichen		146
☐	Brüche		147
☐	Winkelangaben		147
☐	Hochgestellte und tiefgestellte Zeichen	Ⓖ	148

Zahlen
Wurden die folgenden Zahlenangaben typografisch korrekt gesetzt und gegliedert?

☐	Telefon- und Faxnummern		150
☐	Internationale Nummern		151
☐	Bankverbindungen		152
☐	Postleitzahlen		152
☐	Postfachnummern		153
☐	Allgemeine Zahlen	Ⓖ	153
☐	Geldbeträge	Ⓖ	153
☐	Datum		154
☐	Zeitangaben		156

Weitere Punkte

☐	Echte Kapitälchen	158
☐	Einheitliche Schreibweise	159
☐	Gegebenenfalls Wörter in Versalien (Großbuchstaben) im Fließtext kleiner setzen und Laufweite erhöhen	160
☐	Überschriften ausgleichen	161
☐	Ziffern ausgleichen (Problemziffer 1)	161

Index

A

Absatzformate 118, 123
Achtelgeviert 136
Acrobat
   PDFs kontrollieren 174
   Voreinstellungen 23
Additionszeichen › *Siehe Pluszeichen*
AI-Datei 41, 71, 94
Anschnitt › *Siehe Beschnitt*
Arbeitsbereich 11
Auflösung 42, 166
Aufzählungszeichen 131
Ausgabevorschau (Acrobat) 178–180
Ausgleichen (Typografie) 161
Aussparen 70

B

Bankverbindungen 152
Bedingter Text 20
Beschnitt 29, 35, 78, 93, 102, 176
Bilder 40–59
Bindestrich 138
Blocksatz 126
BMP-Datei 41
Brüche 147
Bücher 98–101
Bündigkeit 115
Buntes Schwarz 73

C

Checklisten 185–193
   als PDF downloaden 8
CMYK-Bilder 52–56

D

Dateiformate 41
Datum 154
DIN 5008 151, 155, 156
Divisionszeichen › *Siehe Geteiltzeichen*
Doppelte/mehrfache Leerzeichen 137
Downloads 8
Dpi › *Siehe Auflösung*
Druckbögen 166, 175
Druck-PDF 163–183
   exportieren 164
   kontrollieren 174–183
   vergleichen 183

E

Ebenen 79, 119
ECI 47
Effektive Auflösung 42
Einzelseiten 102, 166, 175
EPS-Datei 41, 71, 94

F

Fadenheftung 100
Fahrzeugbeklebungen 110–111
Falzflyer 95–97
Falzmarken
   anlegen 96
   prüfen 177

Farbauftrag 75
   prüfen (Acrobat) 180
   prüfen (InDesign) 75
Farbbezeichnung 117
Farbeinstellungen
   in InDesign 10
   in Photoshop 22
Farbfelder 62–66
Farbprofile 9
   downloaden und ablegen 9
   verstehen 46–47
Farbproof 28
Farbraum 45
Faxnummern 150–151
Flattersatz 127
Format 35
Formate 118
Formatvorlagen 123
Formproof 28

G

Gedankenstrich 126, 139
Geldbeträge 153
Geteiltzeichen 145
Graustufen-Bilder 57–59
GREP-Suchfunktionen
   anwenden 135
   downloaden und ablegen 21
   im Überblick 133
Großbuchstaben › *Siehe Versalien*
Grundlinienraster 115

H

HKS 65
Hochgestellte Zeichen 148
horizontale Skalierung 126, 129

I

Illustrator 60, 110
Infobereich 35
Informationen-Fenster 42

J

JPEG-Datei 41

K

Kapitälchen 158
Kerning 150, 152, 161
Klammerheftungen 104–109
Klebebindung 100
Korrekturabzug 28

L

Laufweite 122, 126, 129, 160
Leerräume › *Siehe Zwischenräume*
Linien 67–68, 73, 111

M

Malzeichen 145
Marken und Anschnitt 168
Mathematische Sonderzeichen 145–149
Mediävalziffern 157
Minuszeichen 146
Multiplikationszeichen › *Siehe Malzeichen*
Musterseiten 114

O

Objektstile 118
OPI-Verknüpfungen 14
Optischer Randausgleich 130–131
Optisches Kerning 161

P

Pantone 65
Passermarken-Schwarz 64
Pathfinder › *Siehe auch Vektorgrafiken*
PDF-Vorgabe 165
PDF/X-Standard 29, 164
Pluszeichen 146
Postfachnummern 153
Postleitzahlen 152
PPI 42
Preflight (Acrobat) 24
   ausführen 181–182
   einrichten 24–29
Preflight (InDesign) 13
   ausführen 85
   einrichten 13
Profilwarnungen (InDesign) 34–35
Proof › *Siehe Farbproof und Formproof*
Proportionale Ziffern 157
PSD 41

R

Raster › *Siehe Satzspiegel*
Rechtschreibprüfung 19, 28
Reduzierungsvorschau 76–77
RGB-Bilder 48–51
RGB-Farben 64
Ringbücher 102–103

S

Satzbild 124–131
Satzspiegel 114–115
Satzzeichen 138–144
Schnittmarken 29
Schriften
   aktivieren 37
   einbetten (PDF) 171
   ersetzen 38
   in Pfade umwandeln 81–84
Schriftgrößen und Tonwerte 39
Schwarzdarstellung 13
Sechstelgeviert 137
Seitenanzahl 35
Seitenformat 175
Separationsvorschau 71–75
Sicherungskopie 31
Silbentrennung 124
Softproof 50
Sonderfarben anlegen 65–66
Spracheinstellung 124
Stanzformen 91–94
Subtraktionszeichen › *Siehe Minuszeichen*
Suchen/Ersetzen › *Siehe GREP-Suchfunktionen*

T

Tabellenziffern 157
Telefonnummern 150–151
Textfenster 79
Tiefgestellte Zeichen 148
Tiefschwarz 66
TIF 41
Transparenzen 76–77
Transparenzfüllfarbraum 77
Transparenzreduzierung 172
Trapping › *Siehe Überfüllung und Unterfüllung*
Trennungen 125–126, 128
Typografie 121–161

U

Überdrucken 69, 72, 74
Überdruckenvorschau 23, 71
Überfüllung und Unterfüllung 80
Umbruch erzwingen 128
Untergruppe (Schrift) 174

V

Vektorgrafiken 60–61
Veredelungen 88–90
Verknüpfungen 40–45
    erneuern/aktualisieren 40
    ersetzen 41
    prüfen 42
Verknüpfungsfenster 12
Versalziffern 157
Verzerrte Texte 122
Vierundzwanzigstel-Geviert 137
Volltonfarben › *Siehe Sonderfarben*

W

WAN-IFRA 47
Winkelangaben 147

Z

Zahlen 150–157
Zeichenformate 118, 123
Zeitangaben 156
Zielprofil konvertieren 169
Zwischenräume 136–137

Autor und Buch

Als gelernter Mediengestalter arbeite ich seit 2007 selbstständig in den Bereichen Konzeption, Gestaltung, Bildbearbeitung und Reinzeichnung. Während dieser Zeit viel mir auf, dass vielen Grafikern unklar ist, was es bei einer fachgerechten Reinzeichnung alles zu beachten gibt. Dieses Buch soll Ihnen ein verständlicher und verlässlicher Begleiter bei der täglichen Arbeit sein.

Bei Fragen, Anregungen, Kritik und Lob freue ich mich auf eine E-Mail an:
info@michael-neuhauser.de

Viel Erfolg bei Ihren Projekten wünscht
Michael Neuhauser

Danke

Ein herzliches Danke geht an **Barbara Eppler** (www.eppler-grafikdesign.de) für die Titelgestaltung sowie an **Katarina Landenberger** (www.frogati.de) und **Thomas Richard** (www.richard-ebv.de) für das fachliche Feedback.